ジェンダーレスの日本史

古典で知る驚きの性

大塚ひかり

779
中公新書ラクレ

はじめに　日本の文芸はジェンダーレスであふれている

時代によって変わる性認識

私の小学生時代、「♪君たち女の子　僕たち男の子」という歌が流行《はや》っていました。今なお男子校や女子校があり、各種書類の必要事項には、当たり前のように「性別」とあって、私たちは物心ついたころから、自分が男であるか女であるかの選択を迫られます。

その中間は認められないのです。

が、そうした状況に、最近、変化が起きています。

肉体の性別とは違う性認識を持つ人、そもそも男女どちらとも分けられない、いわゆる半陰陽の人もいる。

そうした人たちのために、アメリカではパスポートの発行時、男女以外のX《エックス》ジェンダーが選べるようになりました。

男と女の結びつきとされていた結婚にしても、正式に同性婚を認める国も出ています。

性差の壁が、徐々に崩れてきたのです。

一様ではなかった日本の前近代

性差の壁が崩れてきた……こう書くと、昔はその壁が堅牢《けんろう》で、時代を遡《さかのぼ》れば遡るほど、びくとも動かぬ鉄壁であったかのような印象を受けるかもしれませんが、そんなことはありません。

こと日本に関する限り、太古の昔のほうが、性差が未分化な部分、性による役割分担があいまいであった側面もあるのです。

本文で見ていくように、古墳時代前期の首長は女性が三〜五割で、小規模の共同体の長はむしろ女性のほうが若干多かったことが分かっています（↓第二章1）。

神話には子を生む男神もいますし、そもそも男とも女ともつかない性別不明の神もいました（↓第一章1）。

文芸の世界では、男同士が恋愛仕立ての歌を詠み合ったり、男性作者が「男もしている日記というものを女の私も書いてみよう」という設定で『土佐日記』を書いたり、父親が娘の、母親が息子の恋歌を代作したり、性や年齢の壁を自在に飛び越えていました（→第一章2）。

神話時代から、男が女装し、女が男装して両性を具有することでパワーアップするというような考え方があったせいか（→第一章1）、古代・中世の人たちは心身共に性を行き来することに対する抵抗感が少なかったようにさえ見えます。

また、『源氏物語』では、男が男に対して〝女にて見む〟と欲情を抱くシーンがあって、同性愛とも異性愛ともつかぬ世界も展開しています（→第一章1）。

このような性の越境への抵抗感の少なさのベースの一つには、中世以前には財産権を含めた男女平等、諸子平等が普通だったことがあるでしょう（→第二章2）。

前近代の家族というと、大家族に家長たる父親や長男が君臨しているイメージを、とかく現代人は抱きがちですが、中世まで庶民は核家族であって（→第三章2）、シングルマザーも少なくありませんでした。そもそも家族を持つことができるのは、十六世紀ころまでは恵まれた階級に限られていたのです（→第三章4）。

弱者や性的少数者を差別する一面も

そんな中、今に至るまで日本で一貫しているのは、性意識のゆるさというか、性を重要視するアニミズム的思考、快楽主義ともいうべき傾向です（↓第四章）。

性的に厳格だった仏教やキリスト教が入ってきても、日本化してゆるくしてしまうというのが常でした。

いわゆるLGBTもすべて前近代には認識されていたのです（↓第五章2）。

しかしだからといって、性的少数者への差別や無理解がなかったかというと、そんなことはなく、江戸時代に多くの人がたしなんでいた男色の多くは今の男性同性愛とは異なり、女色あっての両性愛が前提で、地位や立場、身分のまさる年長者が、年少者の性を自由にする、少年虐待的な側面もあったのです（↓第七章3）。

また、半陰陽の人を嗤《わら》う絵巻や、肉体の性と精神の性が合致しない人を「〝をんな男〟」と揶揄《やゆ》した記録もあります（↓第五章4）。

前近代の性や社会構造には、時代によって、身分によって、現代人がお手本にしていいような、先進的な要素もあるものの、食糧供給が安定しておらず、江戸時代などは移動も不自由、男女差別に加え、身分による差別は当たり前という、全体的には苛酷な世界だったのです。

そんなことを踏まえながら、ジェンダーレスという切り口で、ご先祖さまの試行錯誤と未来へのメッセージを、なぞっていきたく思います。

それによって、「伝統的」「日本古来」と思われていたことが、実はそうでないということも、あわせて紹介できれば幸いです。

目次

第二章

むしろ女が優位だったかもしれない太古・古代――政治も経済も男女同格……41

第三章

第七章　軽んじられた弱者の「性」と「生」——ネグレクトや子殺し、性虐待の多さも

本文ＤＴＰ／今井明子

凡　例

*本書では、古典文学、史料から引用した原文は〝　〟で囲んであります。

*〝　〟内のルビは旧仮名遣いで表記してあります。

*引用した原文は本によって読み下し文や振り仮名の異なる場合がありますが、巻末にあげた参考文献にもとづいています。ただし読みやすさを優先して句読点や「　」を補ったり、片仮名を平仮名に、平仮名を漢字に、旧字体を新字体に、変えたものもあります。

*古代・中世の女性名は正確な読み方が不明なものが大半なので、基本的にルビはつけていません。

*引用文献の趣意を生かすため、やむを得ず差別的な表現を一部使用している場合があります。

*とくに断りのない限り、現代語訳は筆者によるものです。

*年齢は数え年で記載しています。

*基本的に敬称は略してあります。ただし、面識のある人は「さん」付けです。

ジェンダーレスの日本史

古典で知る驚きの性

第一章

男女の境があいまいな国

男も出産、女も立ちション

1　日本最古の神様は性別不明

女も立ちションしていた江戸時代

性差がない、ジェンダーレスということで、真っ先に私が思い浮かぶのは、実は立ちションです。

最近、男の座りションが普及して、七十に手の届く夫も二年前から座りションです。

一方で今、欧米では女性用の立ちション補助具が売れているらしい。日本では主にアウトドア用に売られていますが、アメリカ暮らしの知人の話では性差に違和感を持つ人のあいだで流行っているといいます。

排泄行為にもジェンダーレスの波がひたひたと押し寄せているのです。

その伝で言うと、江戸時代はある意味、進んでいました。

曲亭馬琴の随筆『羇旅漫録《きりょまんろく》』（一八〇二）には、

〝京の家々厠の前に小便担桶ありて、女もそれへ小便をする故に、富家の女房も小便は悉《ことごと》く立て居てするなり〟

と、京の家ではトイレの前に小便のための担ぎ桶《おけ》があって（回収されてそれが金になる）、女もそこへ小便をするため、金持ちの女も皆、立ち小便するとあります。

同時期に刊行され始めた『東海道中膝栗毛』（五編追加。一八〇二～一四）でも、

〝たつて小便するにはあやまる（閉口する）〟

と、江戸っ子の喜多さんが伊勢の女の立ち小便にドン引きしている様子が描かれています。

しかし少しあとの『嬉遊笑覧』（一八三〇）には、

〝京師の婦人も、昔は立《たち》ながら小便する事はなかりし也。後世田舎風《ブリ》移りて、今のやうにはなれるなり。蹲《うずくま》りてする事、今にては江戸のみにや。其外は大かた立ながらするとなり〟（巻之二上）

とあり、うずくまってするのは江戸の女くらいなものだと記されています。

これによると、京都の女も昔は立ち小便しなかったのに、後世、田舎風が移って、立ち小便するようになったようです。

時代が下ると、江戸（東京）でも立ち小便はされていたようで、太宰治の『斜陽』

（一九四七）には「お母さま」が立ちながら白い顔を出し、おしっこをしていることを告白、それを見た娘は、

「ちっともしゃがんでいらっしゃらないのには驚いたが、けれども、私などにはとても真似られない、しんから可愛らしい感じがあった」

という感想を抱いており、山の手の婦人も立ち小便をしていたことが分かります。

また、映画「男はつらいよ」でも、

「四谷赤坂麴町、チャラチャラ流れるお茶の水、粋な姉ちゃん立ち小便」（第三作、一九七〇年公開）

というテキ屋の寅さんのセリフがあって、昭和四十年代は「粋な姉ちゃん」は立ち小便している、と言われて納得するような時代でした。

このあたり、拙著『うん古典――うんこで読み解く日本の歴史』と重複しますが、新潟出身の夫の明治生まれの祖母や近所の婆たちも昭和三十年代、一九五〇年代終わりから六〇年代初めにかけて、山の畑仕事の際、立ち小便していたそうです。

働く女にとっては、いちいち座ってするより裾も汚れず、合理的だったのでしょう。

着物のほうが洋服よりも性差が少ないため、男女のしぐさも似通ってくるということ

もあったかもしれません。

女か？　男か？　『春日権現験記絵』で坊主と一緒に寝る美人

似通っているといえば、日本美術には、男か女か、ぱっと見には判断できないものが少なくありません。

有名な興福寺の阿修羅像も、一見すると性別不明に見えます。

戦いの神様だけれど、愁いを帯びた美少年とも美少女のようにも見える。まぁこれは体つきから少年と分かるものの……。

十四世紀初めに完成した『春日権現験記《かすがごんげんげんき》絵《え》』の図の僧侶に添い寝している長い髪の人、皆さんは男だと思いますか？　女だと思いますか？

『春日権現験記絵』巻第十五より
（国会図書館デジタルコレクション）

実はこの画像の人物は、従来は女だと思われていたのですが、松尾剛次によれば「稚《ち》児《ご》」つまりは男だといいます（『破戒と男色の仏教史』）。

「官僧たちの世界において男色が一般化し、その主な相手が童子と呼ばれる稚児であったという事実を踏まえて」（松尾氏前掲書）、そう判断できるというのです。

この図の髪の長い人が果たして稚児か、僧侶の隠し妻的な女性であるかは、今も諸説あるところでしょうが、男が同衾《どうきん》しているからといって、相手は必ずしも女とは限らない。たとえ女のいでたちをしていても……ということを、この一件は浮き彫りにしています。

そのくらい、前近代の日本での性別や性的役割というのは、時代背景や社会環境によって流動していて、判別しにくいのです。

子を生む男神

『春日権現験記絵』の件は、前近代の文芸に描かれる人物の性別や性的役割を、現代の価値観で判別することの難しさを私たちにつきつけています。

八世紀前半に完成した日本神話に至っては、性別不明な神（多くは便宜上、後世の人によって性別がつけられていますが）や、子を生む男神も登場します。

まず天地が初めて現れ動き始めた時、アメノミナカヌシ、タカミムスヒ、カムムスヒという神々が高天原に生成し、独身のまま消えていく。次に、まだ国が浮いた脂のように漂っている時、ウマシアシカビヒコヂ、アメノトコタチという神々が生成し、独身のまま消えていく。

これらの神々は〝別天神《ことあまつかみ》〟というスペシャルな〝独神《ひとりがみ》〟たち（『古事記』）で、性別がよく分からないのです。

カムムスヒは別の箇所で〝御祖命《みおやのみこと》〟と呼ばれていて、『古事記』（七一二）ではミオヤは母親を意味する場合が多いことから女神と考えられていますが（西郷信綱『古事記注釈』第一巻）、確たることは不明です。『日本書紀』（七二〇）では最初に生まれた神々は、クニノトコタチ、クニノサツチ、トヨクムヌの三人（三柱）で、彼らは〝純男《ひたを》〟といって、セックスによらずに生まれた純度の高い男たちとされています。これは男尊女卑の古代中国思想の影響のようで、もとから男神と考えられていたのではなさそうです。

面白いのは、『古事記』にしても『日本書紀』にしても、明らかに男神なのに、子を生む神々がいること。

妻イザナミとのセックスで国や神々を生んだイザナキもその一人で、死んだ妻を追って黄泉《よみ》の国から帰還した際、穢《けが》れを落とすためにした禊《みそぎ》によって、神々を生成しています。といっても子宮があるわけではありませんから、投げ捨てた杖《つえ》や帯等々に神が成る形ですが、最後に左目を洗うとアマテラス、右目を洗うとツクヨミ、鼻を洗うとタケハヤスサノヲの三貴神を生んでいるのは、体から子を出しているとも受け取れる。イザナキ自身、子を生んでいるという自覚のあったことは、

〝吾《あれ》は、子を生み生みて、生みの終《を》へに三《み》はしらの貴《たふと》き子を得たり〟（『古事記』上巻）

というセリフからも分かります。

古代の人は、男神の子生みというのを自然に受けとめていたわけです。

男性名詞、女性名詞のない日本語

ここで一気に時代が下って幕末・明治期に目を向けると、この当時、来日した西洋人が驚いたのが混浴でした。

「男も女もおたがいの視線にさらされているが、恥じらったり抵抗を感じたりすることなど少しもない」（エドゥアルド・スエンソン／長島要一訳『江戸幕末滞在記』）

と、デンマーク生まれの海軍士官スエンソンは言い、トロイア遺跡の発掘で知られるドイツ生まれのシュリーマンは、

「『なんと清らかな素朴さだろう！』初めて公衆浴場の前を通り、三、四十人の全裸の男女を目にしたとき、私はこう叫んだものである」（ハインリッヒ・シュリーマン／石井和子訳『シュリーマン旅行記　清国・日本』）

と、老若男女の混浴に驚きと感動を示しています。面白いのは、混浴の状況を説明する際のシュリーマンの形容です。

「名詞に男性形、女性形、中性形の区別をもたない日本語が、あたかも日常生活において実践されているかのようである」（同前）

ドイツ語はもちろん、ラテン語、フランス語、スペイン語、イタリア語、ポルトガル語等、十五か国語を話したり書いたりできた（シュリーマン／村田数之亮訳『古代への情熱──シュリーマン自伝』）という、語学の天才ならではの指摘ですが、いわれてみると、日本語には性がないのです。

名詞に性別のある国では、最近になってジェンダー・ニュートラルといって、名詞の性別を廃止する動きが出ています。

しかし日本語にはもともと性別がないし、そもそもなぜ日本人は混浴を良しとしたのでしょうか。

一つには、性への意識がゆるいというのがあるでしょう。

なにしろ日本は『古事記』『日本書紀』といった正史に、神々のセックスで国や国土が生まれたと堂々と記されるお国柄。性は良いもの大事なものという前提がある。子作り以外のセックスを罪悪視するキリスト教とは根本が違うところがあります。西洋人は、日本で芸を披露しながら性も売る「ゲーコ」や「おいらん」の地位が高いことにも驚いています。

「日本のゲーコは、ほかの国の娼婦とはちがい、自分が堕落しているという意識を持っていない」(スエンソン前掲書)

「日本人は、他の国々では卑しく恥ずかしいものと考えている彼女らを、崇《あが》めさえしている」(『シュリーマン旅行記　清国・日本』)

といった具合です(日本の性意識のゆるさについては第四章で詳しく触れます)。

男女の境目が薄い日本文化

日本人が混浴という発想をした理由は、もう一つ、男女の境目が薄いということもあるんじゃないかと私は考えます。

入り口は男湯・女湯と分かれていても、中はツーツー……。そんな混浴の大衆浴場は、西洋人の批判を受け、明治期に禁止されるものの、今も地方の温泉地には脈々と息づいています。

この、男女の境目の薄さ、「あいまいさ」というのは、性への意識のゆるさとセットになって、性認識にも影響している。

今でこそ西洋の都市部では同性婚も認められていて、むしろ現代日本は同性愛者にとって住みにくいという統計もあるほどですが（二〇一四年のギャラップ社「同性愛者が暮らしやすい国」調査では、百二十三の国と地域のうち五十位）、拙著『本当はエロかった昔の日本』でも触れたように、たとえばアメリカで長年暮らしたことのある知人に聞くと、「同性愛は病気だから治せという感覚だった」（『古代マヤ・アステカ不可思議大全』などの著者、芝崎みゆきさん談）

「とにかくカップル文化だった」（比較文学者、ムルハーン千栄子さん談）

といいます。

そこには、何でもきっぱり分ける文化があって、男と女、同性愛と異性愛とバイセクシャルという区分がはっきりしている。

女同士、男同士がつるんで、同性愛とも異性愛ともつかない、気分によって相手によって、自分の立場を変えて、あいまいな性を楽しむということがないわけです。

一方、日本は性の区別自体が、古来、あいまいだったふしがある。

男とも女ともつかぬ神々がいて子を生んだり、平安時代の『源氏物語』（一〇〇八ころ）には、

〝女にて見む〟

という言い回しもある。

貴婦人が夫や親兄弟以外の男に姿を見せなかった当時、〝見る〟とはセックスや結婚をも意味していたんですが、主人公の源氏が、密通相手の藤壺の兄を見てそのように感じ、一方の藤壺の兄も源氏を見てそう感じている。

このことばの意味は通常、「相手を女にしてセックスしたい」もしくは「自分が女になってセックスしたい」と解釈されます。

同性愛とも異性愛ともつかない、強いていえば今のBL（ボーイズ・ラブ）のような

感覚でしょうか。

ここには、「男の官能も女の官能も味わってみたい」という快楽主義と、それを良しとする「性愛肯定」の思想と共に、体毛が薄く色白といった女性美を好む平安貴族の美意識が横たわっています。

男であっても女性美をあわせ持つ者が、最高に色っぽく美しいとされていたわけです。

越境可能な性意識

こうした意識が生まれるのは、当時の男女の美の境界があいまいだったからでもあります。

平安時代の美形は男女ともに〝きよら〟〝にほふ〟といったことばで形容されます。

そんな美意識と連動し、平安文学では、源氏のように男にも女にも欲情される者が理想の主人公となる。

平安文学だけではありません。

日本最古の文学『古事記』に出てくる伝説の英雄ヤマトタケルは、オトタチバナヒメ、ミヤズヒメといった女たちに愛されただけでなく、男たちをも魅了しました。西国のクマソタケル兄弟を倒す際、童女の姿となって紛れ込み、大勢の女たちの中から選ばれて、戯れかかった敵を倒すのです。出雲では、イヅモタケルと偽りの友情を結び、互いに水浴びをして相手を油断させ、偽の刀に取り替えて、「刀を合わせてみよう」と誘って殺してしまいます。

ヤマトタケルには、男の猛々《たけだけ》しさと、男とも女とも未分化な少女美・少年美が同居し、その魅力で相手を惹《ひ》きつけた上で、女をも男をも征服していったわけです。

こうした設定が生まれる背景には「両性具有してこそ最強」という思想と共に、男から女、女から男と、「性別は容易に越境できる」という思想があったと私は考えます。

ヤマトタケルは女の髪型と装束で童女となって敵を倒したものですが、アマテラスは、弟のスサノヲがいとま乞いにやってきた時、「国を奪いに来たのでは?」と疑って、髪を男のようなみづらに束ね、武装して、大地を踏みしめ、スサノヲを迎え撃とうとしたものです。

そこでスサノヲは、異心がないことを示すために、互いの持ち物を交換し、そこから子を生むという行為を提案。

アマテラスはスサノヲの剣をもらい受け、清めた上で嚙《か》みに嚙んで、吹き出した息吹《いぶき》の中から三柱の女神を、一方のスサノヲはアマテラスの珠の数々をもらい受け、同じように五柱の男神を生む。

男も女も同じように武装して互角に向かい合い、男も女も同じ方法で神々を生んでいる。

男女両性のパワーなり美なりを具有する者こそが最強という思想がここにはあると同時に、パワフルな存在にとっては「男女の属性は越境可能である」と、そんなふうに昔の日本人は考えていたと思うのです。

2　女が男に、男が女に……越境した性にあふれる日本の文芸

ネカマの元祖？『土佐日記』

両性兼ね備えてこそ最強という古代日本の思想……その根っこには、「性は越境可能で、その境はあいまいなもの」という発想があると私は考えます。

前述の『源氏物語』の〝女にて見む〟も、男同士で、相手を女にして逢って（セックスして）みたい、あるいは自分が女になって逢ってみたい、というふうに、相手や自分の性が変化可能であるという前提があっての発想です。

そうした視線で日本の古典文学や芸能を眺めてみると、越境した性にあふれていることに気づきます。

平安末期から鎌倉時代にかけては女が男装して舞う白拍子、江戸時代以降は男が女を演じる歌舞伎、そして現代には女が男を演じる宝塚歌劇というものがあります。

青島幸男が「いじわるばあさん」を演じ、夏目雅子が三蔵法師を演じ、それを抵抗もなく見ているのが日本人なのです。

紀貫之が、

「男もしている日記というものを女の私も書いてみよう」（〝男もすなる日記《にき》といふものを、女もしてみむとてするなり〟）

と『土佐日記』を書いたことは古文の授業でもおなじみですが、これなど、男が女のふりをしてネットに出没する「ネカマ」の元祖といえるでしょう。

男が女のふりをして文章（散文）を綴《つづ》ることに何の抵抗もないのです。

老若男女すべての立場になることを要求される平安貴族文学

散文だけではありません。

歌の世界では、性や立場の越境が、さらに頻繁に行われ、母が息子の、父が娘の歌を代作することも、平安時代には珍しくありません。

左右の組に分かれて歌の優劣を競う「歌合《うたあわせ》」では、七十の婆と三十の青年が、恋愛仕立ての歌を詠み合うということもありました。「小倉百人一首」の、

〝音に聞く高師《たかし》の浜のあだ波はかけじや袖のぬれもこそすれ〟（噂《うわさ》に高い、高石の浜のあだ波じゃないけど、浮気男で知られたあなたの誘いには乗らないよ。あとでつらい目にあって

涙で袖が濡《ぬ》れるといけないから)は、堀河院の御時、「艶書合《けそうぶみあわせ》」つまりは、公達と女房たちとでラブレター合戦をした際、祐子内親王家紀伊によって詠まれたものです(『金葉和歌集』では〝音に聞く高師の浦〟)。

紀伊は当時七十歳ほどで、歌は、藤原俊忠の次の歌への返歌でした。

〝人しれぬ思ひありその浦風に波のよるこそ言はまほしけれ〟(人知れずあなたに恋をしています。荒磯の浦風で波が寄る、その波のように、夜になったらあなたに言い寄りたい)

磯や波にかけた俊忠の口説きに、同じく波で切り返したわけです。

歌が詠まれた康和四(一一〇二)年閏五月当時、俊忠は三十歳ですから、二人の年齢差は約四十歳。

現実の恋のやり取りではなく、歌合の場での架空のやり取りとはいえ、七十婆と三十男の恋歌の組み合わせを設定すること自体、年齢差やら何やら、いろんな境を越えているといえます。

男同士が恋愛仕立ての歌を贈答する『万葉集』

このように老若男女すべての立場に自分を置く、という訓練が、古くからできていた日本人。
現存する日本最古の歌集『万葉集』（八世紀後半）では、男同士が恋愛仕立ての歌を贈答しています。
代表的なのが、『万葉集』の編者とされる大伴家持《おおとものやかもち》とその部下で同族の大伴池主《いけぬし》の一連の贈答歌です。
「秋の田の稲穂の向きを見がてら、池主くんが折って持って来たオミナエシだね」（〝秋の田の　穂向き見がてり　我が背子《せこ》が　ふさ手折《たを》り来《け》る　をみなへしかも〟）（巻第十七・三九四三）
「オミナエシの咲いてる野辺を巡って、家持さまを思い出しながら、遠回りしてやって来ました」（〝をみなへし　咲きたる野辺《のへ》を　行き巡《めぐ》り　君を思ひ出　たもとほり来《き》ぬ〟）（巻第十七・三九四四）
家持が病気になった時にはこんな贈答歌も。
「うぐいすが鳴き散らす春の花を、いつになったら池主くんと、折って髪に挿せるのか」（〝うぐひすの　鳴き散らすらむ　春の花　いつしか君と　手折りかざさむ〟）（巻第十七・三九六六）

「うぐいすが来て鳴く山吹は、まさか家持さまの手に触れぬまま、散ったりしないでしょう。花の咲いているうちにきっと一緒に髪に挿せますよ！」（〝うぐひすの　来鳴く山吹うたがたも　君が手触れず　花散らめやも〟）（巻第十七・三九六八）

男同士で髪に花を挿すとは、ＢＬ漫画の世界そのものです。

池主の恋愛事情はよく分かりませんが、家持は複数の女たちとの贈答歌が残っているし妻子もいます。

同性愛とも断言できないし、異性愛オンリーとも断言できない、独特の世界がここにはあります。

家持は、池主相手ほどの頻度と情熱はないものの、こうした恋歌仕立ての歌を、他の部下とも贈答しています。

また『万葉集』では、男同士のみならず、男女が〝戯歌《きか》〟といって、おふざけで恋歌仕立ての歌も贈答している。

ではそうした恋愛仕立ての贈答歌をかわす者たちに、現実において少しも恋愛感情はないのかというと、微妙なのです。仲が良いのは確かで、夫婦、恋人、友達……と、はっきり区別できない親愛の情が漂うのです。

こうした異性間や同性同士の恋愛仕立ての贈答歌は平安時代になっても行われ、一つの日本の歌の伝統ともいえる形です。

男が女を演じたり、若者が老人を演じたりする室町時代以来の猿楽能、女が男装して舞い歌う白拍子、男が女をも演じる（初期は女が男を演じる）歌舞伎、女が男をも演じる今の宝塚歌劇などが存在し、人々に受け入れられているのも、こうした日本人の性の境目の薄さ、性や年齢を超えた存在になることへの抵抗のなさゆえではないか。

問題は古代から中古にかけて、なぜこんなにもジェンダーの壁が低かったのか、ということで、その背景を知るには日本の性意識の実態と、それをもたらした家族の形・社会構造というものを知る必要があります。

第二章

むしろ女が優位だったかもしれない太古・古代

政治も経済も男女同格

1　卑弥呼の時代は女性首長が五割?

「男女同権同格」だった古墳時代前期

二〇二二年十月現在、女性の知事は四十七都道府県のうち山形県と東京都の一県一都のみです。四%で一割にも満たない。

ところが古墳時代前期における女性首長の割合は、全国では五割以下、畿内では三割以下、つまり「三割から五割程度の女性首長が古墳時代前期に存在した」(清家章『卑弥呼と女性首長』)。

全国の首長の半分近くが女性でした。

七一三年、朝廷が全国の地名の由来、物産、伝承などを記して提出するよう命じた『風土記』にも女の〝土蜘蛛〟(『豊後国風土記』『肥前国風土記』)や、男女ペアの〝国栖《くず》〟(『常陸国風土記』)と呼ばれる、中央政権に従わぬ先住民の首長が出てくることからして、地方にはとりわけ女性首長が多かったことがうかがえます。

しかも古墳の副葬品から、当時の女首長は祭祀だけでなく、男同様、軍事・政治も行っていて、「性別区分による格差をもたないことを内容とする、男女同権同格の段階」(今井堯「古墳時代前期における女性の地位」総合女性史研究会編『日本女性史論集2 政治と女性』所収)であったといいます。

これはちょっとびっくりではないでしょうか。

首長クラスではなく、もう少し小規模の小型古墳の埋葬者となると、「女性がやや優位を保っており」(今井氏前掲論文)という状況で、女性のトップのほうが多かったらしいのです。

古代日本で、女性が大きな力をもっていたのは、天皇の先祖がアマテラスという女神であると『古事記』『日本書紀』にも記されていたり、神功《じんぐう》皇后はもとより、推古から称徳に至る六人八代の女帝が立て続けに出たりしていることからも分かるんですが、古墳時代前期、国土の半分近くに女性首長が君臨していたとは。

しかも女性首長というと、古墳時代前期の直前、弥生時代終末期の卑弥呼のイメージから、祭祀を司るシャーマン的な存在であったかと思いきや、軍事・政治も掌握していたというのです。

まだ日本に文字のなかった三世紀前半の卑弥呼の記事は、中国側の歴史書『三国志』(三世紀)の「魏書」第三十「東夷伝」の倭人の項目、いわゆる『魏志倭人伝』によるもので、〝鬼道〟(シャーマニズムとも中国的な道徳観にそぐわぬ政道ともいい諸説あり)を事《こと》とし、よく衆を惑わしていたとか、〝夫壻《ふせい》〟はなく、〝男弟〟が国政の補佐をしていたなどと記されているのは、当時すでに父系社会で男尊女卑の気風のあった中国側の先入観が影響している可能性が指摘されています。

最近の研究では、卑弥呼の時代には祭政未分化で、女は祭祀、男は政治といった明確な役割分担はなく、男女共に祭祀に関わっていたというのです。

一族のトップに君臨していた平安時代の〝国母〟

弥生時代終末期から古墳時代前期にかけて、女性首長は珍しくも何ともなかったわけですが、それが六世紀前半、中国側の記録に倭王武が出てくるころから、軍事的緊張や渡来人の影響などにより、日本にも父系化の波がやってきます。

ここで父系、母系について説明すると、まず古代にその傾向が強かったといわれる母系社会とは、「祖母、母、娘というように、代々女性の血縁関係（出自）をたどって、社会集団（家や家族）をつくりあげ、相続・継承の方法を決定する」（須藤健一『母系社会の構造――サンゴ礁の島々の民族誌』）社会のことで、日本では厳密な意味での母系社会はなかったともいいます。

一方、父系社会では祖父、父、息子というように相続・継承がされるわけですが、早くに父系社会化が進んだ中国と違って、古代はもちろん、かなり後世になるまで、母系的な要素を残しているのが日本であって、父系・母系の両要素をあわせ持つ社会は「双系社会」と呼ばれています。

古代には双系から父系への変化が進んだといわれているのですが、日本の場合、一気に進んだわけではありません。

飛鳥時代から奈良時代にかけては六人八代の女帝が君臨、斉明天皇が百済《くだら》救援のため朝鮮半島に向かうなど（その途次に崩御）、外交や軍事も司っていたし、平安時代に入ると男帝の時代となるものの、天皇の母方（外戚）が権勢を握る外戚政治が行われ、天皇の母は「国母」と呼ばれ、一族の長的存在として強い発言権を持っていました。

たとえば平安中期、関白藤原道隆死後、弟の道兼が関白となるものの、一週間ほどで死去、権力の空白が生まれます。しかも道兼の弟の道長に権勢を握らせることを一条天皇は強硬に渋っていた（『大鏡』「道長」）。道隆の娘の定子を愛する天皇は、定子の兄の伊周《これちか》に政権を握らせたいと思っていたのです。天皇の母であった詮子は、弟の中でもとくに道長を可愛がっており、

「粟田大臣《あわたのおとど》（道兼）には関白の宣旨を下しながら、この殿（道長）には下さないとしたら、本人が気の毒である以上に、御ためにとって不都合なことと、世間の人も非難申し上げるでしょう」

と、激しく意見したので、しまいには天皇も面倒に思い、母詮子のもとを訪れることがなくなってしまいました。そこで詮子は、それまでのように天皇を「こちらへ」と呼び寄せるのでなく（天皇を呼び寄せるくらい母后の地位は高いわけですね）、自ら天皇の寝所を訪れて、泣く泣く道長のことを奏上します。その日は、道長も部屋の前に控え、姉詮子の出てくるのを胸がつぶれる思いで待っていたところ、しばらくすると、詮子が現れ、

〝あはや、宣旨下りぬ〟

と仰せになった。

この詮子の働きで、道長は内覧の宣旨というのを受け、権勢を握ることになります。ここでは、天皇にもまさる国母の力が浮き彫りになっています。

最高権力者の任命で揉《も》めた際、決定権があるのが国母であったことは、道長の娘の彰子（上東門院）の働きを見れば分かります。

彰子は一条天皇に入内《じゅだい》して、後一条、後朱雀といった天皇の母になると、父道長や弟たちに権勢をもたらし、八十七歳で死ぬまで現役の政治家として、一族のトップに君臨。関白職の人事でも決定権を握っていました。

弟の頼通《よりみち》が関白職を、父道長が遺言した弟の教通《のりみち》ではなく、子の師実《もろざね》に譲りたがっていると聞いた二人の姉の彰子は、すでに寝所に入っていたにもかかわらず、すぐに起きだして、孫である後冷泉天皇に手紙を書きます。

「関白（頼通）が申されることがございましても承引なさってはいけません。故禅門（道長）が確かに申し置かれた旨がございます」

この鶴の一声で、次期関白職は頼通の子ではなく、弟の教通に譲られたのです（『古事談』巻第二・六十一）。

この時、頼通七十六歳、教通七十二歳、彰子八十歳です。

国のトップは関白頼通でも天皇でもなく、彰子だったわけで、この彰子が八十七で死んだ時、七十九歳の弟の関白教通は、

「これからはどなたにご相談すればいいのだろう。何事も女院（彰子）のもとに参上してお話しようと思っていたのに」

と嘆いたのでした（『栄花物語』巻第三十九）。

九十近くになっても政治を動かしていた彰子の影響力は、国母の力がいかに絶大であったかを示しています。

天皇の母方が権勢を握る外戚政治が行われていた平安時代、天皇家に入内した娘は、一族の要《かなめ》だったのです。

西も東も女が牛耳っていた鎌倉初期の日本

このように平安時代、とくに上流貴族の世界では女性は非常に重んじられていましたが、平安末期、藤原氏を母に持つ天皇が途切れ、天皇の母ではなく父上皇が政権を握る「院政」が開始されると、徐々に父権が強まってきます。

院政に伴って台頭してくるのが武士で、平氏や源氏が力をたくわえ、平氏政権が京都で誕生し、これが滅ぼされると関東で源氏政権が誕生します。さらに源氏が三代で滅び、一二二一年、後鳥羽院が関東の北条氏を相手に承久の乱を起こし、院側が敗北すると、関東政権は強化され、北条氏の世がきます。

が、「権力者の母」の力が絶大な権勢を握っていたのは武士の時代も同様で、そもそも北条氏が力を握ったのも源氏の外戚だからです。伊豆の流人であった源頼朝を、妻方の北条氏が担ぎ上げ、権勢を握ったのでした。

承久の乱直前の日本の勢力図を、同時代の天台座主《ざす》で、関白九条兼実《かねざね》の弟の慈円《じえん》は、こう評します。

「この〝イモウト〟(北条政子)と〝セウト〟(義時)で関東を治めているということだ。京には卿二位《きょうのにい》がしっかり世を掌握している。〝女人入眼《にょにんじゅがん》ノ日本国〟(女が最後の総仕上げをするのが日本という国である)という言い伝えは、いよいよ真実であるというべきではあるまいか」(『愚管抄』巻第六)

東は北条政子・義時姉弟(原文は〝イモウトセウト〟だが、実際は姉弟)、西は後鳥羽院の乳母《めのと》の卿二位が、牛耳っているというのです。

院政が行われるようになると、天皇の母方に代わり、天皇の父が権勢を握るようにはなるものの、乳母という別の母が力を伸ばしていたんですね。

乳母の力は、平安時代の昔から強力で、清少納言も天皇や春宮（東宮）の乳母を〝うらやましげなるもの〟としています（『枕草子』「うらやましげなるもの」）。武家社会でもそれは同様で、初代鎌倉将軍頼朝の乳母であった比企尼《ひきのあま》の一族の女たちは、二代将軍頼家の乳母や妻となって、北条氏を脅かしたため、比企氏は滅ぼされてしまいます。

鎌倉時代の母や乳母は、絶大な力を誇っていたわけです。

〝女人入眼ノ日本国〟

さて、先の『愚管抄』の記事で気になるのは〝女人入眼ノ日本国〟ということばではないでしょうか。

このことば、『愚管抄』にたびたび出てくるもので、慈円の説明によれば、

「女人が、この国を入眼すると申し伝えている」（巻第三）

といいます。〝入眼〟とは、物事を完了することで、日本では古来、女が国をうまく治め、事を成就させている。そんな言い伝えが、慈円の生きた時代にはあったというので

す。

その例として、神功皇后、皇極天皇、藤原薬子（巻第三）、平家の栄華をもたらした建春門院滋子（巻第五）などを挙げ、平城上皇と嵯峨天皇の対立を招いた薬子に関しては、

「悪いことをも、女人が入眼する、最後にやり遂げるのだ」（巻第三）

としています。

平安末期から鎌倉初期に生きた慈円がこうした哲学を持っていたこと、慈円のことばが真実だとすると、日本には古くから「女が事を成就する」という言い伝えがあったことは、ジェンダーレス的に興味深いものがあります。卑弥呼の生きた弥生時代末期から古墳時代前期にかけての、女性優位の記憶が言い伝えとなって、慈円のいう〝女人入眼ノ日本国〟ということばにつながったのかもしれません。

2　女の財産権が強かったころ

男女同等だった古代〜平安時代の相続権

経済を掌握していることは、男女を問わず、力の源です。

太古、首長が男女半々だった理由にはさまざまなものがあるのでしょうが、鎌倉時代に至っても〝女人入眼ノ日本国〟ということばが伝えられていたほど、日本の女に力があったのは、財産権が強かったからにほかなりません。

古代においては、「親の財産は兄弟姉妹間に均等に分割されるという当時の家産相続上の慣行」があり（関口裕子『日本古代女性史の研究』）、それは女の相続が生きている一代限りのあいだだけとなる鎌倉中・後期になるまで続いていました。

古代から中世にかけては女子にも男子と対等な相続権があったのです。

それどころか、『源氏物語』や『栄花物語』（正編一〇二九〜三二ころ、続編一〇九二以降）といった平安文学を読むと、少なくとも貴族社会では、家土地に関してはむしろ女子の相続権が強い印象です。

そしてそこには、当時の結婚形態が関係している。

貴族社会では、男が女の家に通い、新婚家庭の経済は妻方が担い、衣服を調達して、婿の出世の助けをするのが普通でした。藤原道長は源倫子と結婚すると、倫子の実家に通い、その邸宅である土御門《つちみかど》殿は倫子と道長のものになり、天皇家に入内した彰子ら娘たちの里邸となって、生まれた天皇たちの里内裏《さとだいり》ともなります。『紫式部日記』（一〇一〇）は、彰子がお産で帰邸していた土御門殿が、秋の気配が深まるにつれ、言いようもなく風情があるというシーンから始まります。

家財産のある娘と結婚すれば、男はそこに住み、使うことができるわけで、逆にいえばそういう資産のない女は惨めなことにもなります。

『源氏物語』より少し前に書かれた『うつほ物語』（十世紀後半）には、

「今の世の男は、まず女と結婚しようとする際、とにもかくにも両親は揃《そろ》っているか、家土地はあるか、洗濯や繕いをしてくれるか、供の者に物をくれ、馬や牛は揃っているかと尋ねる」（〝今の世の男は、まづ人を得むとては、ともかくも、『父母はありや、家所《いへどころ》はありや、洗《あら》はひ、綻《ほころ》びはしつべしや、供の人にものはくれ、馬、牛は飼ひてむや』と問ひ聞く〟）（「嵯峨の院」巻）

という一節があります。親や家土地や車はあるの？　身の回りの世話はしてくれるの？

俺のお供にチップはくれるの？　というわけで、どんなに美人でもそれらがなければ、
男は、

〝あたりの土をだに踏まず〟

という有様だったといいます。

娘は結婚しても基本的には家を離れぬ上に（子どもがあるていど生まれると夫婦は独立することが多い）、娘を入内させ、生まれた皇子を皇位につけてその後見役として一族が繁栄していた当時、大貴族は男子より女子の誕生を望み、同じ『うつほ物語』には女子の誕生を期待して、

「女の子のための蔵」（〝女の蔵〟）（「蔵開　下」巻）

を用意している親まで登場します。

大貴族でなくとも、女が新婚家庭の経済を担うという傾向は平安末期まで続いたと見え、そのころ成立した『今昔物語集』にはこんな話が語られています。

越前の敦賀《つるが》に住む女が、財産もないため、結婚しても夫が去っていくということを繰り返し、やがて両親も死に、ひとりぼっちになった。領地もなく、使用人は一人もいな

くなり、衣食にも事欠くようになったため、昔、両親が家の後ろに作ってくれたお堂の観音に祈った。すると夢に老僧が現れ、そのお告げ通り良い男が訪れ、夜を過ごすものの、男の召使二十人に食べさせる食事も馬の餌もない。途方に暮れていたところ、昔、彼女の両親が使っていた女の娘と称する者が突如現れ、食事やら何やらを用意してくれた。お礼の品もない女は、自分は男の白袴を着け、助けてくれた女に、自分の着ていた紅の袴を与えた。翌日、いつも祈っていた観音を見ると、彼女が与えた紅の袴が肩に掛かっていたため、観音の助けと分かった。女は男にいきさつを話し、その後は男の領地である美濃で暮らし、多くの子を生んで、敦賀にもしじゅう出かけて観音にお仕えしたのでした（巻第十六第七）。

この話から分かるのは、新婚家庭では、男の供の者への食事の用意や馬の世話などは、妻方がしていたということです。そうしたことができないと、たとえ結婚できたとしても続かないわけで、平安中期の『うつほ物語』に書かれた〝今の世の男〟の有様を裏付ける説話といえます。

女子の相続権が低下する鎌倉後期

平安時代から鎌倉初期にかけては、このように女子の相続権は強く、それゆえ経済的負担も、その責任も重いものでした。

武士の世界でもそれは同様で、『御成敗式目』（一二三二年制定）などの武家法によって、

「財産と地位を強力に保護されていた」（五味文彦「女性所領と家」女性史総合研究会編『日本女性史』第2巻所収）

財産は、男女を問わず相続できて、しかも母方・父方の双方から相続したので、たとえ父から義絶されていても、母からの相続権は維持されてもいました（西谷正浩『中世は核家族だったのか――民衆の暮らしと生き方』）。

しかも女子は、親から譲られた所領・財産のみならず、夫から譲られた所領・財産を持ち、夫の死後は、「家屋敷や所領などの財産をすべて管領《かんりょう》し、子供たちを監督し、譲与を行なう、強い存在」（野村育世『北条政子――尼将軍の時代』）だったのです。

それに変化が訪れるのが鎌倉中期でした。男女均等だった相続が、「鎌倉中期、女性に対する財産相続がその女性一代に限られる一期分《いちごぶん》的相続が始まる」（関口氏前掲書）の

です。

一期分とは、生きている期間は所有できるものの、死後は実家なり一族の代表者なりに返さなければならないということです。それまでは、女子も男子同様、親から所領を譲られれば、それを婚家で生まれた子らに相続させることができたのが、鎌倉中期から後期になると、できなくなったのです。理由は、「所領の他家への流出」(五味氏前掲論文)を防ぐため。結婚によって一族から離れた女子に所領を譲ったままにすれば、先祖伝来の所領が流出してしまう。そこで、女子の生きている一代限り、「一期分」だけということになったのです。

平安貴族の新婚家庭のように、女子が結婚しても婚家を離れなければこういうことは起きなかったわけで、結婚形態と女子の相続権が密接に関わっていることが分かります。

女子の相続は「一期分」というのは、貴族社会でも十二世紀中ごろ、平安末期あたりから見られたことで、とくに寺領や神領に関する所領が多かったといいます。神事や仏事を負担する者は選別されなくてはいけないという考え方からで、鎌倉後期の武家社会での女子一期分相続も、女子は所領に伴う武芸などの公事といった責任を果たすことができないというので、進んでいったらしいのです（五味氏前掲論文）。

女子の一期分相続と共に出てきたのが「惣領」と呼ばれる、家を継ぐ誰か一人が、所領とそこから生じる義務や責任をも背負う「単独相続」です。それもこれも、「他家への所領の流出や所領の細分化を防ぐ目的から」（同前）で、結果、「親権や惣領権に強く従属する女子、惣領に扶持される後家が生まれ、子に所領を伝えることのできない母親が生まれてくる。かつての自立して所領を知行する女性の存在はこうして失われていった」（同前）わけです。

もちろん、こうした傾向は一直線に進んだわけではなく、一進一退しながら、単独相続と、子ども全員が相続権をもつ諸子分割相続が並立しながら、徐々に惣領（嫡子）の権力が強まって、女子や次男三男の立場が弱くなっていくという形です。

つまりは父系的な「家」の観念が強まってきたわけですが、それでもなお諸子分割相続が消えなかったからこそ相続争いが続発し、全国的な規模の争いに発展したのが室町時代の応仁の乱です。

一般的に室町時代は、諸子分割相続から嫡子（正妻腹の長男）の単独相続への移行期といわれています。といっても一律に法律が施行されたわけではなく、西国は遅くまで分割相続が残るなどの地域差や、家による差がありました。

だからこそ、「前と違う」「うちだけなぜ」といった不満や混乱が生じ、争いが増えることになります。

この時代の主要大名は、大なり小なりそうした争いを経験しています。兄と弟、オジと甥、養子と劣り腹の実子……親族で展開する相続争いを有利にするため、姻戚関係に頼ったり、利害関係の合致する者が力を増すための同盟を組んだりしたあげく、将軍家を巻き込んで展開したのが、一四六七年から一四七七年までの長きにわたって戦われた応仁の乱です。

これをきっかけに戦国時代に突入、男の地位は高まって、女子は相続からますます弾《はじ》き出されることになり、その社会的地位も低下していくのです。

というのが教科書的な経過の説明なのですが、女子の相続権が低下したのは、先にもちらっと触れたように、男が妻方に通い、新婚家庭の経済は妻方が担うというような結婚の形が、崩れてきたからでもあるでしょう。

女子が婚姻によって実家を離れなければ、実家＝家土地は女子が相続する機会が当然増えるし（源雅信から娘の倫子、その子孫に伝領された土御門殿がその一例です）、逆に、嫁入婚によって実家を離れることが普通になれば、家土地を相続することは自然となくなるからです。

このように結婚の形一つとっても、長い歴史の中では変化があります。現在、常識と思われている「日本の伝統」も、実はまったく伝統的なものでなかったりすることが、歴史を辿《たど》ると分かるのです。

第三章

夫婦別姓、核家族、シングルマザーだらけの古代・中世

「伝統的な家族」とは

1　日本古来の伝統は「夫婦別姓」に「夫婦別墓」

同一家族に複数の姓が混在していた古代の戸籍

「夫婦別姓」（法務省のＨＰでは「夫婦別氏」https://www.moj.go.jp/MINJI/minji36.html#Q4）を認めず夫婦いずれかの姓を選択しなければならないのは、今や世界で日本だけといわれています。

結婚後、夫婦のどちらの姓を選んでもいいとはいえ、九五・五％の夫婦が夫の姓を選んでいるのが現状です（令和元年。前掲ＨＰ）。

「夫婦が夫の姓になるのは日本古来の伝統でしょ。夫婦別姓にしたら子どもの姓はどうなるの？　家族崩壊につながるのでは？」と、危惧する人たちもいますが、実は、日本は明治後半までずっと夫婦別姓でした。

歴史の有名夫婦を思い出しても、平安時代の藤原道長の妻は源倫子と源明子、鎌倉時代の源頼朝の妻は北条政子、室町時代の足利義政の妻は日野富子……皆、別姓です。

また、選択的夫婦別姓を導入したらどうなのか？　という議論が起きると、必ずネックになってくるのが戸籍制度ですが、そもそも古代の戸籍でも夫婦は別姓です（今津勝紀『戸籍が語る古代の家族』）。

古代の戸籍制度は早くに形骸化しているわけですが、子どもの姓にしても、日本では通常、父親の姓が選ばれるものの、奈良時代の橘諸兄《たちばなのもろえ》のように、母・橘三千代の姓を継ぐ者もまれではあるものの、いたのです。

それがいつ同姓になったかといえば、長い歴史から見るとつい最近、明治三十一（一八九八）年に明治民法が施行されてからのことです。

「伝統的」「日本古来」と思っていたことが、実はそうでないことは、この事実一つ見ても分かります。

もっとも前近代に夫婦別姓だったのは、それぞれの家名を重視するという意味もあったでしょうし、そもそも庶民は姓を持たずに、屋号などで呼ばれていたのが実態です。

それでも昔の日本が必ずしも全時代を通じて家父長的な「家」を維持するために機能していたわけではないことは、古代の戸籍の詳細を見れば分かることで、たとえば七〇二年に作られた筑前国のある戸籍では、先夫との子二人を連れて新しい夫と再婚した女のケースがあるんですが、ここで連れ子らは先夫の姓を名乗ったまま、母と共に新しい父のもとで暮らしている。つまり、「女は、産んだ子を自分に帰属させ、その子を連れて再婚するといったことが許されていたのであろう」(三浦佑之『平城京の家族たち――ゆらぐ親子の絆』)といい、女の姓は吉備部、新しい夫の姓は大神部、女の連れ子らはト部と、同一戸籍の同一家族でも三つの姓が交じり合っていました。

戸籍は、父系の「家」を維持するためでなく、あくまで納税者を把握するためのものなので、構成員の姓は二の次であったことが分かるのです。

夫婦原理よりキョウダイ原理

古代の戸籍は、一面、早くに形骸化した側面もあり、かつ遡ることのできる年代には限りがあるのに対し、家族の形や概念を知る上で重要になってくるのが「墓」です。古墳時代前期に女の首長が約五割いたということも、墓(古墳)から分かってきたことです。

しかも、年齢の近い男女二人が合葬されている場合、かつては何の根拠も検討もなく、「夫婦」と想定されていたのが、骨や歯による最新の研究によって、夫婦ではなく姉弟や兄妹、「キョウダイ」であることが判明しました。

「実際の同棺男女埋葬の事例を分析すると、夫婦という『思い込み』を捨てざるを得ないことが明らかとなる」（田中良之『骨が語る古代の家族――親族と社会』）、「弥生時代終末期から五世紀までの古墳時代前半期の被葬者は同世代の血縁者だけで構成されるのが基本」（田中良之「古代の家族」赤坂憲雄ほか編『女の領域・男の領域』所収）といいます。

婚姻によって築かれた家族より、生まれた家族への帰属意識のほうが、少なくとも墓においては強かったのです。

また婚姻によって築かれた家族といっても、妻方への通い婚、夫婦同居婚などが混在し、生まれた子どもも父に帰属する場合と母に帰属する場合とがあって、現代人の考える家族とはまるで違う、いわゆる双系的性格が、長らく残っていたのが、古代日本の家族のようです。

夫婦別墓だった藤原道長・源倫子夫妻

夫婦が別墓だったのは平安中期の藤原道長と妻の源倫子も同様です。

この時代、出自が異なる夫婦は墓地が別々で、それぞれが父方の墓地に埋葬されていました。それで、姓を異にする道長夫妻も、道長が代々の藤原氏の墓地である宇治市の木幡墓《こばたのはか》に埋葬されているのに対し、倫子の墓は父雅信と共に仁和寺にあるといいます（清家章『埋葬からみた古墳時代――女性・親族・王権』）。

これは清家氏も言うように、現代でいえば、配偶者が実家の墓に入るようなもの。「夫の墓には入りたくない」という妻がいますが、古代・中古の日本では、夫婦が別々の墓に入ることが普通だったのです。

「伝統的」と思えることが、実はそうではないということを、姓や墓の歴史は教えてくれます。

2　核家族だった中世

「昔ながらの大家族」のウソ

昔の日本の家族というと、子や親やおじいちゃんおばあちゃんといった三世代が同居する大家族のイメージが強いものです。

ところがそれも比較的最近のことで、昔は違ったといいます。

西谷正浩によると、「中世民衆の家族構造は、単婚の核家族で、分割相続を基本とした」(『中世は核家族だったのか――民衆の暮らしと生き方』)。

分割相続とは、第二章2で触れた相続形態のことで、古代には、親の財産は兄弟姉妹間に均等に分割されるのが普通だったわけですが、それが中世の民衆世界でも続いていたわけです。

しかも、「単婚」つまりは一夫一婦で、かつ「核家族」だったといい、「結婚した若い夫婦は、親の援助をえやすい出身家族の近隣に住むことが多い」(西谷氏前掲書)。

中世前期の民衆家族は、

1　核家族世帯、
2　同じ敷地内に二、三世帯が居住する世帯、
3　明確に区画された屋敷地に複数の核家族世帯が住む、

という三つの形があって、1と2は小百姓層、3が名主層に当たるといいます。中世の民衆は核家族であり、「名主の大家族も複数の核家族世帯からなっていた」（同前）というのです。

もちろん諸子平等で、貴族・武士階級でも、「一子だけを特別視する直系継承規範が成立したのは、ようやく一四世紀を迎えてから」（同前）でした。

それが中世後期、十五・十六世紀の室町時代中期以降になると、だんだんと跡取りの長男が優遇されるようになる。とはいえ、兄弟は基本的にはまだ平等でした。というより、親が自分の裁量で好きに財産を分割できたのです。

ところがそこに、「実家に残って他のキョウダイよりも明らかに優遇される者が現れる」（同前）。

核家族であれば、子らは全員、よそへ出て行くはずなのに、一人だけ実家に残って親の家の継承者となる者が現れる。そしてその者はそこで結婚し子を作り、つまりは三世

代同居世帯が現れるのです。

それによって、家族に属する財産や職業、社会的地位などを維持・再生産していく。言いかえると財産の分散や地位の低下を防いでいるわけで、一点集中することで家を強化する戦略となっているのです。

こうした直系家族の再生産が民衆世界でも一般的になるのはやっと近世のことでした。今の我々が想像する「昔の大家族」は、こと民衆社会に限っていうと、近世から近代にかけて、つまりはごく最近の家族像なのです。

3　太古、子の命名権は母にあった

古代は母に命名権

家族の形が時代によって異なるのですから、親子関係もそれにつれ変化するのは当然です。

ただ、家族のあり方や女性の地位を、古代（古墳時代〜奈良時代）、中古（平安時代）、中世（鎌倉・室町時代）、近世（安土桃山・江戸時代）……と辿っていくと、むしろ古代から中世といった古い時代のほうが現代に近い印象です。

今でも離婚した夫婦のうち、妻のほう、つまりは母親のほうが親権を取るケースがほとんどですが、これは古代や中古も似たようなものでした。

まず太古の昔、子の命名権は母にあったことが、『古事記』の垂仁天皇と后の悲劇を描いたくだりから分かります。

その悲劇というのはこんな話です。

垂仁天皇の后のサホビメ（開化天皇の孫）が兄のサホビコに、

「夫と兄とどちらが愛しい？」（〝夫《を》と兄《せ》と孰《いづ》れか愛《うるは》しみする〟）

と聞かれ、

「兄のほうが愛しい」（〝兄を愛しみす〟）

と答えました。すると兄は、

「そなたが本当に私を愛しいと思うなら、私とそなたとで天下を取ろう」（〝汝《なむち》、寔《まこと》に我《あれ》を愛しと思はば、吾《あれ》と汝と天《あめ》の下《した》を治めむ〟）

と、サホビメに短刀を渡し、天皇の寝ている時に殺すように言います。

しかしサホビメは天皇を刺すことができず、兄の企《たくら》みを打ち明けてしまう。

そこで天皇はサホビコを討つべく軍勢を集めるのですが……サホビメは兄を思う気持ちに堪えず、裏門から逃げて兄の砦《とりで》に入ってしまいます。

折しもサホビメは妊娠中。

天皇は后としてのサホビメを思う気持ちに堪えず、サホビコへの攻撃を控えているうちに、サホビメは出産。彼女はその子を砦の外に置き、

「もしこの御子を天皇の御子とお思いなら、迎え入れて下さい」

と天皇に伝えます。サホビコを憎んでも、后を愛する気持ちを抑えられない天皇は、兵

士に、

「御子を引き取る時に、その母王《ははみこ》も奪い取れ。髪でも手でもどこでもつかんで引き出すが良い」

と命じます。しかし天皇の気持ちを知っている后は、すっかり髪を剃り、その髪で頭をおおい、玉の緒を腐らせて腕に巻き、酒で着物を腐らせておいたため、兵士につかまれても捕らえられはしませんでした。そこで天皇は、

「すべて子の名前というのは必ず母が名づけるのに、何とこの子の御名《みな》をつけたらいいのか」（〝凡《おほよ》そ子の名は、必ず母の名《なづ》くるに、何《いか》にか是《こ》の子の御名を称《い》はむ〟）

と尋ねます。

后が答えると、天皇はさらに、

「どうやってお育てしたらいいのか」

と尋ね、后が乳母をつけ、乳幼児の入浴係を定めるよう答えます。天皇はまた、

「そなたが結び固めてくれた私の下着の紐《ひも》は、誰が解《と》くのだろう」

と尋ねると、后は後任の后になる女王を指名。

結局、サホビコは滅ぼされ、天皇の后であるサホビメも兄に殉じたのでした。

平安中期、女は妊娠していても再婚できた

垂仁天皇の実在性については諸説ありますが、最近では実在説が有力です。実在したとすれば彼は古墳時代前期あたりの人ですから、そのころ、あるいは『古事記』が編纂された七一二年当時、子の名前は母親がつける習慣だったことが分かります。垂仁天皇は、子の養育方法も后に聞いています。子の養育は生みの母の責任であり権利でもあったのです。

この話からは、古代のキョウダイの絆の深さもうかがえ、古墳時代前期の埋葬には夫婦原理よりキョウダイ原理が働いていたことや（↓第三章1）、弥生時代終末期の卑弥呼が〝男弟〟の補佐を受けながら国を統治していたこと（『魏志倭人伝』）が思い起こされます。

子の命名権はともかく、子は母に帰属するといった観念は、平安時代に入っても基本的には続いていたようで、中宮藤原彰子に仕えた歌人であり、歴史物語『栄花物語』正編の作者といわれる赤染衛門《あかぞめえもん》は、両親のすったもんだの末、母親のほうに帰属しました。

というのも、彼女の母は、もとは歌人の平兼盛の妻でしたが、離婚後、娘を生みます。それを聞いた兼盛が娘を引き取ろうとしたところ、母は惜しんで譲りませんでした。そこで〝相論〟(訴訟)になるものの、母の再婚相手の赤染時用《ときもち》が、その時、たまたま検《け》非違使《びいし》だったため、ますます「兼盛の子ではない」ということになって、兼盛は不利な立場に追い込まれます。検非違使は今の裁判官と警察官を兼ね、訴訟も扱っていたからです。それでも兼盛は「娘に会わせてほしい」由、申し立てた……ということです(『袋草紙』上巻)。

この娘が赤染衛門です。赤染という姓は、母の再婚相手のものだったのです。

その後、兼盛が赤染衛門に会えたかどうかは分からぬものの、平安中期も母の親権は強く、かつ、妊娠していると、離婚後、一定期間は再婚できないという現代の民法と異なり、女は妊娠中でも再婚できたことがうかがえます(二〇二二年二月、再婚禁止期間を撤廃すべく民法を改正するとの法制審議会の答申案がまとめられ、改正が実現すれば、明治時代以来の再婚制限が廃止されることになります)。

もっとも昔は貴人があえて妊娠中の愛人を臣下に下げ渡す例も見られ、『平家物語』(鎌倉時代)によれば、平安末期の平清盛は、白河院が、妊娠中の祇園女御と呼ばれる寵姫《ちょうき》を平忠盛への褒美として下げ渡して生まれた、院の御落胤《ごらくいん》だといいます。「生まれた子が女子なら朕の子にしよう。男子なら忠盛の子にして、弓矢取る身に仕立てよ」と院は仰せになり、男子が生まれたので、忠盛の嫡子にしたというのです（巻第六「祇園女御」）。

真相は不明ですが、清盛の昇進の異常な早さなどから、この説を支持する学者もいます。

安土桃山時代、男子は父、女子は母に帰属

白河院が忠盛に譲った妊娠中の寵姫に、男子が生まれれば忠盛の子にし、女子が生まれれば自分が引き取ろうと言ったのは、忠盛が武士ゆえに、そういう発想になったのでしょう。

忠盛の生きた平安末期から五百年ほど後の安土桃山時代には、男子は父、女子は母に帰属すると考えられていました。

というのも、この時代に発行された、キリスト教信者のためのQ＆A式のガイドブック『どちりなきりしたん』（一六〇〇）には、こんなくだりがあるからです。キリシタンは離婚をしてはいけないという決まりがあり（詳しくは次章で触れます）、そのやり取りの過程で、「なぜいったん結婚したら離婚してはいけないのか？」という弟子による質問（Q）があって、それに対する師の答え（A）の中に、

「心のままに離婚できてしまうと、その時、男子は父に伴って継母に添い、つらい目に堪えねばならないし、女子は母について行って、継父に会ってどんなにか不如意を味わうことになろう」（〝心のまゝにりべつする事かなふにをひては、そのみぎりなんしは父にともなひてまゝ母にそひ、うきめをこらへ、又によしはゝにつきゆき、まゝ父にあひていかほどのふによいをかしのぐべき〟）

と、あるのです。

東洋文庫の同書の注は「当時の風習をうかがふに足る」（新村出・柊源一校註『吉利支丹文学集』2所収）といい、当時、男子は父、女子は母に帰属するという意識があったことが分かります。

面白いのは、再婚を前提として離婚が語られていることです。

当時のキリスト教は基本的に子作り以外のセックスを罪悪視しますから、離婚は、他

者との性行為の機会を与えるというのも、禁止の理由の一つでした。追々触れるように、前近代の日本の離婚・再婚率の高さを裏づけるやり取りともなっています。

翻って今、母親が親権を握ることがほとんどであるということは、日本人の心の中に「子は母のもの」という意識が根強くあることを意味しています。

たしかに母親は妊娠期間も含め、子と接する時間は長いので、そういう意識があるのは自然なことです。ただそれは、裏を返せば子育ては母親の責務とされるということでもあり、似たようなことは、女の地位が徐々に低下しながら、嫁取り婚も確立していない、女の時代から男の時代への端境期ともいえる平安後期に、目立っていたのです。

4　シングルマザーだらけの平安時代……中世下層民は独身世帯が最多

どの母の子かが大事だったころ

現代日本ではシングルマザーの貧困率の高さが問題になっています。

別れた夫が慰謝料をきちんと払わぬケースが多いということが一つありますが、その根底には、女性の地位の低さ……正規雇用率や、男性と比較しての給与の低さなど……が間違いなく横たわっている。

女性の稼ぎが多ければ、慰謝料がなかったり少なかったりしても差し支えないからです。

実際、過去にはシングルマザーが多くても差し支えない時代がありました。

父系的な社会が確立する以前、母の手元で子が育ち、新婚家庭の経済は妻方で担うのが基本の母系的な家族が数多くあった古代から中古（平安時代）にかけてがそれで、古代には、生まれた子の父が誰だか分からず、心当たりの男を全員呼んで、子に選ばせたという神話もあります。

播磨国のミチヌシヒメノミコトは、父の分からない子を生んだため、誰の子であるか神意を問うべく酒を造り、〝諸《もろもろ》の神たち〟を集め、生まれた子に酒を捧げさせたところ、アメノマヒトツノミコトに向かって酒を奉ったので、

〝すなはちその父なるを知りき〟（『播磨国風土記』）

といいます。

また、イクタマヨリビメという女が妊娠、夜な夜な訪ねてくる男の正体を知るため、着物に針と糸をつけて、男の正体が三輪山の神であるとつきとめたという、名高い三輪山伝説もあります（『古事記』中巻）。

これらの話から分かるのは古代人の性意識が非常にゆるいこと、妊娠して初めて「お父さんは誰？」という話が持ち上がるていどで……現実はそんなものではないとしても……大事なのはどの母の子であるかであって、どの父の子であるかは二の次であったらしいことです。

落ちぶれ女子の平安中期

とはいえ、シングルマザーはまずいとまではいかずとも、先の説話のように、父親の

名前くらいは知っておきたい……という意識が芽生えた背景としては、七〜八世紀、中国から父親中心の父系的な制度が導入されたことが一つには影響しているのではないでしょうか。

安土桃山時代、あるいは幕末・明治期を見ても分かるように、日本では、海外の影響によって、大きくシステムが変わるということがあります。

古代における先進国であった中国の影響は、とくに日本の上流階級にとっては大きなものでした。

もっとも日本では、その影響も一過性である場合も少なくなく、古代の戸籍制度にしても律令制にしても、やがて有名無実となっていきます。

もちろんそのあいだにも家族の形は変化していって、平安中期から鎌倉時代にかけて、母方の親族同士が助け合う母系的な結びつきが崩れつつあったにもかかわらず、新婚家庭の経済は妻方で担うという母系社会的な習慣は相変わらず残っていたため、貧しさゆえに結婚できない女や（↓第二章2『うつほ物語』の話）、結婚しても夫に捨てられる女（↓同『今昔物語集』の話）、働くために子を捨てたり養子に出したりする女……要するに、没落女子や貧しいシングルマザーが、文芸に目立ってきます。

そんな没落女子の代表格が『源氏物語』の末摘花《すえつむはな》です。

彼女は亡き常陸親王《ひたちのみこ》が晩年にもうけたお姫様ですが、父親王死後は落ちぶれて、使用人の多くは去り、残っているのはどこにも転職先のない老女房たちのほかには、他の職場と掛け持ちをしている大輔命婦《たいふのみょうぶ》と呼ばれる女房だけ。命婦の母は再婚相手と共に地方に下ったため、父のもとを〝里〟として行き通っていたという設定で、この父が亡き常陸親王の縁者であるらしく、その関係から残された末摘花のことを案じて、主人公の源氏に紹介するわけです。

この末摘花が実はとんでもないブスだったことが、セックス後、明るい時にその姿を見た源氏は分かってしまう。貴婦人は親兄弟や夫以外には顔を見せなかった当時ですが、結婚当初は夜の暗闇ですから、顔もはっきり確認できないこともあったのでしょう。

源氏はその醜さに驚愕するものの、

「私以外の男はまして我慢して結婚生活を続けられるわけがない。私がこうして姫と馴れそめたのは、亡き親王が姫を気がかりに思って残していった魂の導きなのだ」(「末摘花」巻)

と考え、彼女を妻の一人として見捨てぬ決意をします。

美男美女が主人公だった当時の文学で、この決意は異常というか革命的で、当時の読者は『源氏物語』を画期的な物語として驚きと共に受けとめたに違いありません。末摘花は、貧しくても結局は源氏という理想の主人公と結婚できたわけですが、それはあくまで物語だからでしょう。

こうした物語ができる背景には、末摘花のような没落女子が多発していたという社会背景があって、末摘花は後年、叔母の娘の召使にされそうになりますが、現実にも、藤原道長の甥の伊周のケースでは、その死後、一家が落ちぶれて、娘の一人は道長の娘彰子に仕える女房となっています（『栄花物語』巻第八）。

シングルマザー受難の平安後期

貧しくてなかなか結婚できない女の話は、平安末期に編まれた『今昔物語集』巻第十六にも多々出てきます。

新婚家庭の経済は妻方で担う習慣が残っていたため、貧しい女は結婚しにくい（結局、観音の加護で結婚）といった第二章2で紹介したような話が語られるわけですが、『今昔物語集』には、父のない子を妊娠して困る女の話も少なくありません。

たとえばこんな話があります。京に〝極《きは》て貧《まづし》き女〟がいて、熱心に清水《きよみず》にお参りしていたものの、少しも御利益はなかった。そのうち、〝指《させ》る夫《をうと》〟（定まった夫）もないまま妊娠してしまった。もともと自分の家もなく、人の家を借りて住んでいたので、産み月が迫るにつれて、

「私は一体どこで子を生めばいいのか」

と嘆き悲しんで、清水に参って泣く泣く訴えているうちに、家も出産に必要な物もないまま臨月となってしまった。

それで隣に住んでいる女と一緒に清水にお参りし、伏し拝んでいるうち寝てしまうと、夢に気高い僧が現れて、

「お前の嘆きを何とかしてやろう。嘆くことはない」

と言ったところで目が覚めた。その後、紆余曲折を経て、女は金三両を手にし、家を買って無事に子を生んで、次第に裕福になっていったのでした（巻第十六第三十一）。


説話にはシングルマザーに対する偏見的なものは一切ありません。要は貧乏なため夫が居つかず、父のない子を妊娠しても、実家や夫方の助けが得られぬというのが問題な

のであって、シングルマザーでも家や財産さえあればめでたしめでたし、という理屈です。

『今昔物語集』にはこんな話もあります。

若いころ、貴人の乳母をしていた女が法会にお参りした帰り、一軒の家で雨宿りをしていたところ、門内の物置のような所で一人の女房がひどく泣いていた。聞くと、彼女は、去年と今年、立て続けに子を生んだものの、貧しくて乳母を雇うこともできない。折しも彼女を田舎に誘ってくれる男がいたが、乳飲み子が二人もいてはどうしようもない、そこで〝一人をば棄てむ〟(一人は捨てよう)と思うけれど、それが悲しいというのです。

哀れに思った女が「では私に一人くれませんか」と持ちかけると、女房は喜んで一人を渡した。女は乳飲み子を連れて帰るものの、乳も出ぬ身ゆえ、一晩中しなびた乳を吸わせながら日ごろ読んでいる法華経に助けを求めて念じたところ、子を生めなくなって二十五年も経つにもかかわらず、乳が出て、思い通りにその子を養うことができたのでした(巻第十九第四十三)。

この話では、女房がごく自然に〝一人をば棄てむ〟と発言し、女もそれを非難するでもなく、同情的に受けとめているところが現代人には衝撃的です。前近代の捨て子の多さは拙著『本当はひどかった昔の日本』でも紹介しましたが、生類憐れみの令で名高い江戸時代の五代将軍徳川綱吉が、捨て子を禁止するまでは罪ですらなく、禁止後も明治期になるまで捨て子は非常に多かったのです。

この女房は男に誘われたものの、乳飲み子二人の世話までは男はしてくれないのでしょう、一人は捨てようと考えていた。新婚家庭の経済は妻方が担うことを期待されていた当時、再婚しようにも乳飲み子が多くては、相手も受け入れてくれなかったわけです。

とはいえ、乳母の経験者でもある信仰厚い女のおかげで、捨てられるはずの乳飲み子は助かった形ですが、同じ『今昔物語集』にはやはり特定の夫のいない女の出産を〝老《おい》たる女〟が助けるものの、あやしい雲行きになる話もあります。

ある所に、若い宮仕え女房がいて、両親や親類もないため帰る里もなく、自分の〝局《つぼね》〟にばかりいて「もしも病気にでもなったらどうしよう」と心細く思っているうちに〝指る夫〟もないまま妊娠した。

彼女はどこで出産したらいいのか思い悩んだ末、

「もし産気づいたら、ただ一人召し使っている女童《めのわらわ》を連れて、どこか深山に行って、木の下ででも生もう。そこなら死んでも人に知られずに済むし、もし無事だったら素知らぬ顔で帰ってこよう」

と決意して、臨月になると女童を連れて粟田山《あわたやま》のほうに歩き続け、北山科《きたやましな》の山の斜面に山荘風の古屋を見つけます。

「ここでお産して、自分一人だけで帰ってこよう」

つまり子は捨てていこうと考えて、垣根を越えて中に入ったところ……白髪頭の老女が出てきます。

「きっとつれなくあしらわれるのだろう」

と女房が思っていると、老女は思いがけず親切で、お産の手伝いまでしてくれる。〝棄てむ〟と思っていた子も可愛い男の子だったので、乳を含ませるなどして二、三日経ったころ、赤子と昼寝していると、

「ああうまそうな。ただ一口」(〝穴甘気《あなむまげ》、只一口〟)

と老女が言ったように聞こえて、目を覚ますと、老女がえらく恐ろしげに見える。

「これは鬼に違いない」

と思った女房は、乳飲み子を女童に背負わせ、自分は身軽になって、仏を念じながら、もと来た道を走って逃げた。

乳飲み子はそのまま人に与えて養わせ、後年、年老いてからこの話を人に語ったといいます（巻第二十七第十五）。

かつて結婚は一部の特権階級の贅沢だった

最後の話は女房の被害妄想という感じもしなくもないですが、こうした説話から分かるのは、特定の夫もなしに妊娠する身寄りのない女がけっこういたこと、そうした女は子を捨てるという手段も厭《いと》わなかったこと、社会も捨て子に対する理解があったこと、シングルマザーに対する偏見は感じられないものの、シングルマザーは貧しいという図式ができつつあったことです。

これは平安中期以前との大きな違いではないでしょうか。

新婚家庭の経済は妻方が担っていた平安時代、貧しい家の娘は結婚しづらいということがありました。それでも母系的な結びつきが強い古代は、自分の姉妹や母の姉妹（オバ）といった母方の親族が、子の面倒を見ていたわけです。ところが、そうした母系の結びつきが崩れ、かつ本章の2でも紹介したように中世の庶民は核家族ですから、貧女はしぜんと孤立して、何かの拍子で妊娠しても、育てるすべがないという事態に陥ってしまいます。

そもそも十六・十七世紀くらいまでは、結婚して家庭を持つことのできるのは、一部の特権階級だけでした。

古代・中世には、家族を持てる階級は限られており、「下人」と呼ばれる隷属的な使用人は、一生独身か、片親家庭が多かったのです。

下人のような下層階級の家族形態が分かる史料はまれですが、大隅国禰寝《ねじめ》（建部）氏が一二七六年、嫡子らに譲渡した下人九十五名（うち一人は解放）の内訳が記された文書には「夫婦・親子関係がわかる形で記されて」（磯貝富士男「下人の家族と女性」坂田聡編『家族と社会』所収）います。この史料によると、下人九十四名六十一家族のうち三世代同居は一例もなく、夫婦が揃って子もいるケースは六家族二十一名で、下人六十一家族の一割以下に過ぎませんでした。

母子家庭は九家族二十名、父子家庭は三家族七名。

最多は独身で、男女九十四名中四十名です。

つまり六十一家族のうち四十家族が独身で、下人の家族形態の六割以上を占めていました。

これが、鎌倉中期の下層民の実態だったのです。

しかもかつては一般家庭でも次男以下や、戸主のオジや兄弟といった家を継ぐ立場でない者の有配偶率は低く、下人などの隷属農民同様、「多くは晩婚であり、あるいは生涯を独身で過ごす者が多かった」（鬼頭宏『人口から読む日本の歴史』）。

要するに、今の私たちが考える「家族」を持てる階級というのは、上流・中流の人々と、庶民でも恵まれた地位の人たちだけでした。

江戸時代以前の女性の地位は高かった、財産権が保障されていたとはいっても、それは恵まれた階級であったことを考慮する必要があります。

その前提の上で、そうした比較的恵まれた階級にも、没落女子が増えてきたのが平安中期から鎌倉時代にかけてであって、とりわけシングルマザーの受難ということがあったのです。

この時代にはまた、小町零落説話など、結婚できる立場にあるにもかかわらず、男をえり好みして結婚しない女性は零落するといった説話が並行して作られていきます。

こうした文芸の発生は、女の地位の低下によって、その生きる道が次第に狭まっていく過程と重なっているのです。

第四章

性を重視すると、結婚観はゆるくなる

二度三度の離婚や再婚は当たり前

1　日本人の離婚率が高かったわけ

一貫する「ゆるい性観念」

古代から現代を見ていくと、相続の形一つ取っても大きな変化があって、男女均等、諸子平等だった相続が、嫡子による単独相続に移行するのと時を同じくして、女子の地位が低下していったということがありました。

家族の形を見ても、庶民は中世までは核家族だったのが、財産の分散や身分の低下を避けるため、子の中の一人は実家に留《とど》まって親の資産を継ぐというふうに、富裕層から大家族になっていき、父権の強化も進んでいきます。

ところが……貴族や武士、庶民といった身分による差は多少ありながらも、現代に至るまで日本で基本的に貫かれたのが「ゆるい性観念」でした。

今までも触れてきたように、日本は『日本書紀』のような、国が編纂した「正史」に、神々のセックスによって国土が生まれたと記されるお国柄。

人を増やし、人と人を結びつける性を重要視して良きものとするスタンスは、たびたびの「外圧」を物ともせずに、今に至るまで貫かれています。

日本人が唯一強硬に抵抗したキリスト教の教義とは

室町末期（戦国時代）、フランシスコ・ザビエルが日本にキリスト教を伝えて以降、キリシタン文学というものが登場します。

なかでも前章3でも触れた一六〇〇年に刊行された『どちりなきりしたん』は、師と弟子のQ＆A方式で教義が分かりやすく説かれた重要な出版物でした。

『どちりなきりしたん』とは「ドチリナ・キリシタン」、キリスト教の教義という意味です（新村出・柊源一校註『吉利支丹文学集』2所収『どちりなきりしたん』解説）。

この中で、秘蹟（サクラメント）を授けられる際、守るべき七つの決まりが説かれており、一番目は洗礼、二番目は堅信、三番目は聖体拝領（神の体とされるパンをミサで信者が口にする）……などとなっているのですが、その中で、日本人が唯一強い抵抗を示したものがありました。

七番目の「婚姻」の決まりです。

〝一たびえんをむすびてのちはなんによともにりべつする事かなはず〟

一度結婚したら男女共に離婚してはいけない、というのです。

これに対して、弟子は、

〝是あまりにきびしき御定《さだめ》也〟

として、

〝互に気にあはざる事あらん時も、りべつする事かなふまじきや〟

お互い、気が合わない時も離婚してはいけないのかと質問すると、師は夫婦の結びつきの大切さを説きます。しかしそれでも納得できない弟子は、

「デウスはどうして一たび縁を結んだら離婚してはいけないとお定めになったのか」

と質問。師は、夫婦が信頼関係を深め、病気や困った時も助け合うために、また子育てのためにも離婚は良くないとして、離婚した場合に、子らに与える悪影響を説きます。

弟子は、

〝もつともすぐれたるだうりなり〟

と理解を示しながらも、

〝さりながら〟

と切り込み、

「こんなに〝きびしき御おきて〟は、人によっては身のため大きな害になると思う者が多いに違いない」

と抵抗。師は、

「たしかにそうだが、どんな掟も万人の得を考えて定められるものだ」

と、一部の例外はあることを説明します。弟子はさらに、

「もし生まれつき心根の悪い者の場合はどうするのか？　それでも離別することは叶わぬのか」

と、今で言えばサイコパス的な人と添うてしまったケースを想定して反論。ついには、生まれつき心根の悪い者との離婚だけは、教会が認めればオッケーという答えを引き出します。

ただし、再婚はしてはならぬという条件付きです。

このくだりは第三章3でも紹介しましたが、再婚を前提として離婚を語っているところが特徴で、これは、同書で師が説いているように、夫婦の結婚は神より授けられた

〝子孫はんじゃう〟のための定めであって、その妨げとなる〝たぼん〟（他人とのセックス）の機会を与えてしまうという意味でも離婚は望ましくないというわけです。その前提として当時の日本の離婚・再婚率が非常に高かったということがあります。そのため、わざわざ再婚するなと言わざるを得なかった。そもそもこのような離婚禁止についてのQ＆Aが長々と述べられていること自体、日本人にとってそれが容易に受け入れ難いものであったことを物語っています。

現代より高かった昔の離婚・再婚率

時代は遡りますが、平安時代の日記や歴史物語を読んでいると、結婚や離婚が簡単になされているのに驚かされます。

当時の結婚は男が女のもとに三日通えば成立（といってもとくに貴族の場合、最初のセックスに至るまでには手紙のやり取りや訪問を重ねるといった段階を踏んでいたわけですが）、三日目の夜、妻方で結婚披露宴となりました。一方、夫が妻方に半年も通わなければ、離婚したものと見なされ、妻は新しい男を通わせました。

お互い連れ子を持った者同士の再婚も珍しくありません。

が、それはあくまで印象であって、統計などはなく、正確な数字は分かりません。

正確な数字が分かるのは明治以降で、明治前期の離婚率は、「一八八三（明治十六）年の三・三九パーセントを最高として一八九八（明治三十一）年までは平均で二・七四パーセント」（高木侃『三くだり半と縁切寺――江戸の離婚を読みなおす』）でした。

これは二〇二〇年の離婚率が一・五七パーセント（厚生労働省　https://www.mhlw.go.jp/toukei/saikin/hw/jinkou/geppo/nengai20/dl/kekka.pdf）であるのと比べるととても高い数字です。この、「明治期における離婚率の高さは、江戸時代の離婚の名残であるといわれる」（同前）。

高木氏によれば、夫による「追い出し離婚」だけでなく、妻の「飛び出し離婚」が多いため、こんな数字になったといい、私も同感です。

江戸後期、二度三度の離婚・再婚は当たり前。『東海道中膝栗毛』の十返舎一九は三回、山東京伝の弟でやはり戯作者の山東京山は少なくとも三度の結婚をしていますし（『山東京山伝奇小説集』解題）、『おらが春』の小林一茶は初婚は五十二歳と晩婚ながら六十五歳で死ぬまで三回結婚（初婚は死別）、『北越雪譜』等の著書で知られる鈴木牧之《ぼくし》は六度も結婚しています。この六度の中には死別も含まれますが、妻が家出をしたきり帰って来ないケースもあり、また相手も子連れの再婚者ということもあったのです。

ちなみに古代日本でも再婚は多かったようで、ほぼ全体が残っている半布里《はにゅうり》戸籍を例にとると二九パーセント強の例が再婚で、西海道《さいかいどう》戸籍で検証すると三六・八パーセントで再婚が発生しているといいます（今津勝紀『戸籍が語る古代の家族』）。

処女に価値を置かぬ日本人

このように、前近代の日本で離婚・再婚率が高かったのは、女性がお産で死ぬ確率の高さとか、平均寿命の低さによる死別の多さといった理由もさることながら、何といっても離婚や再婚が人生においてデメリットとならない、とくに女性側に貞操が求められていないという当時の通念が背景にあるでしょう。

キリスト教の宣教師として三十四年間、日本で布教活動をして、長崎でその生涯を終えたルイス・フロイスは、日本女性とヨーロッパ女性の貞操観念の違いについてこう述べています。

「ヨーロッパでは未婚の女性の最高の栄誉と貴さは、貞操であり、またその純潔が犯されない貞潔さである。日本の女性は処女の純潔を少しも重んじない。それを欠いても、

名誉も失わなければ、結婚もできる」（ルイス・フロイス／岡田章雄訳注『ヨーロッパ文化と日本文化』第二章）

こういう彼我の違いがあるため、

「ヨーロッパでは、妻を離別することは、罪悪である上に、最大の不名誉である。日本では意のままに幾人でも離別する。妻はそのことによって、名誉も失わないし、また結婚もできる」（同前）

ということになるのです。

同時代、「離婚してはならない」というキリシタンの守るべき戒律に強い抵抗感を日本人が示したのも、こういう背景があったわけです。

2　仏教もキリスト教も日本化してゆるくなる

性を重要視する国柄

「離婚してはいけない」というキリスト教の戒律に、〝是あまりにきびしき御定也〟と強い抵抗を示した安土桃山時代の日本人。

その背景には、ゆるい性観念ゆえに離婚・再婚を罪悪視しないという価値観がありました。

そしてこの価値観は、古代から連綿と続いてきたものです。

再三言っているように、日本は、夫婦神のセックスによって国土や神々が生まれたと正史に記される国柄です。

「ゆるい性観念」と先に書きましたが、ことばをかえれば日本人は性を大切なものとして重視していたのです。

そんなわけで、仏教やキリスト教といった外来宗教が入ってきても、いつの間にか日本式に……とくに性的に……ゆるくしてしまうという仕組みとなっている。

坊さんに妻子がいる驚き

その最たるものがお坊さんに妻子がいるという実態ではないか。

韓国やベトナム、タイなどの人々が日本で驚くのは、このことだそうです。愛欲は絶つものとされている仏教界で、確かにこれはおかしな話です。

前近代の大寺院では稚児と呼ばれる童子を置いて、女色の代わりに男色が公然と行われてもいました（詳細は第五章1で）。さすがの日本の仏教界でも女色はいけないものとされていたからですが、鎌倉時代に開かれた浄土真宗では僧侶に妻帯を認めていました。それ以前の平安中期にも、三善清行が醍醐天皇に奏上した『意見十二箇条』（九一四）には、出家者の半分以上は〝邪濫《じゃらん》の輩《ともがら》〟（邪悪で乱れた奴ら）で、税金逃れのために自ら髪を落として法服を着る者が多い、人民の三分の二は禿げ頭であり、皆〝妻子を蓄へ〟、生臭い肉を食らっていた、とあります。これはまぁ偽坊主ですから、戒律を守らないのは当然だし、人民の三分の二という数字も大げさなものの、それだけ生臭坊主が多かったのでしょう。

そもそも日本最古の仏教説話集『日本霊異記』（八二二ころ）には、吉野山で三年修行

した男が、

〝銅銭万貫と白米万石と好《うるは》しき女《をみな》とを多《さは》に徳施したまへ〟

そう観音に祈って叶えられた話が載っています（上巻）。

〝是れ乃《すなは》ち修行の験力《げんりき》にして、観音の威徳なり〟

と、作者は仏教の力を誇らかにうたっている。

仏を信じれば、大金と食べ物と美女がたくさん得られるよ！　と言って憚《はばか》らないのです。

逆にいうと、そういう生々しい現世利益をうたってはじめて、「仏教いいね」となる、もしくは「仏教いいね、となるに違いない」と説話集の編者が想像するようなのが、当時の日本人だったのです。

外国の不倫后まで救う日本の観音

日本人の性観念のゆるさ、日本の仏教の性に対する寛容さを思わせる一つのエピソードとして、海外の不倫妻まで救う『今昔物語集』の説話があります。

新羅《しらぎ》の国王の后が密通、それを知った国王は后を捕らえると、髪に縄をつけ間木《まぎ》

（長押《なげし》の上に渡した横木）からつり下げ、足を床から四、五尺ほどの高さに引き上げておくという罰を加えます。苦しみ悶える后の心に浮かんだのが、日本の長谷《はつせ》の観音でした。

「私がこんなに耐えられない苦しみを受けても、私を助けてくれる人はいない。けれど伝え聞くに、この国からはるか東に、日の本という国があるらしい。その国に長谷という所があって、そこには霊験を施して下さる観音がいらっしゃるらしい。観音菩薩の慈悲は大海より深く、世界よりも広い。おすがりする人が助からぬわけがなかろう」

　そんなふうに目を閉じて深く念じたところ、たちまち足の下に金の踏み台が現れ、罰の苦痛がやわらいだ上、数日後、許されることになった。それで后は長谷観音に多くの財宝を寄進、その中に大きな鈴や鏡、金の簾《すだれ》があって、それは今も寺に納められている。

　長谷観音の霊験は不思議なもので、念じる人は外国の者でも利益をこうむらないということはない。だから、人はぜひ足を運び、こうべを垂れて礼拝すべし、と語り伝えられている（巻第十六第十九）。

　そう話は締めくくられています。

　外国の后、しかも不倫した后まで、日本の観音様は救ってくれる、というわけです。

なぜ日本は性にゆるいのか

他国では、僧侶が妻子を持つことはゆるされぬ仏教界なのに、日本では妻子を持つことはおろか、平安末期には観音が他国の不倫妻まで救うという寛容さが語られる。当時のキリスト教国では女性の貞操が重んじられ、離婚や再婚は名誉を汚すこととされていたのに、日本ではまったくそんなことはないと安土桃山時代の宣教師を驚かせる。

なぜ日本ではこのように、一貫して性にゆるいというか、寛容なのか。

その根底には基本的に、母系的な社会というもの——新婚家庭の経済は妻方が負担し、家・土地は娘が受け継ぐことも多かったため、父が誰かは大した問題ではなかった社会——や、平安貴族であれば、娘を入内させ、生まれた皇子の後見役として一族が繁栄するという構造のため、女子の力が強かった、というような事情があったわけです。

が……。

諸子平等とはいえ、中世になると、武家社会では男子の力が強まって、近世にかけては嫡子が財産を受け継ぐという単独相続が主流となっていき、父が誰であるかが大事な要素となってきます。

母が誰であるかが大事な母系的な社会では、女の貞操は問題にならないので、性はゆるくなりますが、父が誰であるかが大事な父系的な社会では、女の貞操への締めつけが増して、性観念も厳しくなっていくのが普通です。

そして社会が父系化するのは、武家社会を見ても分かるように、一つには「戦乱」という要素があります。

世が乱れるとおのずと腕力のある男子の地位が高くなり、かつ財産の分散を防ぐために、とくに長男などの一子に権力が集中します。

が、平和な社会では、だんだんと男子の地位も低下していく。

もとより、戦争に従事しない貴族や町人の性観念は、武家が牛耳る時代になっても比較的ゆるいものだったし、江戸時代も半ばを過ぎ、平和な時代が続くと、武家の性観念さえゆるくなっていたことは江戸後期の随筆『世事見聞録《せじけんぶんろく》』（一八一六）を見ても分かります。同書によれば江戸後期には、

〝武家にて不義密通のこと珍しからず〞

という状態になっていました。しかもかつて武家屋敷では使用人が主人の許可なく男女の仲になるのを〝密通〞として禁じ、男女とも打ち捨てるなどの厳罰に処していたものが、

「だんだんと罰しないようになって、首代わりに罰金を取ったり、給金から差し引いたりして武家奉公をやめさせるなどしていた。それが今はさらにゆるくなって、奉公をやめさせることもまれになり、罰金も取らぬようになった」

このくだり、拙著『本当はエロかった昔の日本』でも紹介したように、使用人が男女の仲になったからといって罰せられるというような江戸の一時期の武家社会こそ、日本の長い歴史から見ると異常なのであって、平安時代の天皇の後宮には、妃たちに仕える女房目当てに公達《きんだち》が集まり、恋愛サロンを形成していたものです。

戦乱の世には性道徳観念が強まり、平和な世にはゆるむ……というのはどこの国でも似たようなものだと思うのですが、日本人の場合、性は大事なもの、ひいては良きものと考える傾向がことさら強く、放っておくと、性的にゆるいほうへゆるいほうへといく性質がある……そんなふうに思えてならないのです。

3　男も女もオナニーすべし

オナニーの快楽も容認

日本人が性を重要視していたのはなぜでしょう。人と人を結びつけ、仲間を増やす性のパワーを素直に評価していたのか、それとも快楽は善と考える傾向が強かったのか。

日本の性の歴史を見ていると、その両方のように思えます。というのも日本では、人を結びつけるわけでも仲間を増やすわけでもないオナニーを、罪悪視していないからです。

鎌倉時代の説話集『宇治拾遺物語』には、こんな話があります。源大納言雅俊（源顕房《あきふさ》の子。祖母は藤原道長の娘尊子）が仏事の際、〝一生不犯《いっしやうふぼん》〟つまり、性的行為をしないという不淫戒を守り続けている僧を選んで講を行った。その時、一人の僧が高壇にのぼって、いささか顔色が変わったようになって、仏前の鐘も鳴らさず、しばらく何も言わないでいる。大納言も一座の者も皆、気がかりに思っていると、

この僧が震える声で、

「〝かはつるみ〟はいかがなものでしょう」

と言った。それで諸人があごが外れるほど大笑いしていると、一人の侍が、

「〝かはつるみ〟はどれくらいなさっているのでしょう」

と問うた。僧は首をひねって、

「ちょっと昨夜も致しました」

と言うので、一同どっと大受け。その騒ぎに紛れて僧は逃げてしまったのでした（巻第一・十二）。


〝かはつるみ〟とは、いわゆるオナニー、自慰行為のことです。

ここでは良いとも悪いとも描かれてないものの、僧の告白が笑いと共に描かれていて、非難がましい視線は一切なく、僧のオナニーが許容されていたことがうかがえます。

女もオナニー

日本では女のオナニーも許容というか推奨されていました。

その象徴が、男性器を模した「張形《はりがた》」です。

とくに江戸時代の大奥の女中、いわゆる奥女中をはじめとする女のオナニーの様子が春画には描かれていて、これは世界のエロティック・アートという点で見ると、極めて特異であるらしい。

「西欧ではオナニスムの禁止ということがあって、男のマスターベイションが描かれることは極めて稀だし、女のそれが絵画（ポルノグラフィック・アートを含めて）にあらわな姿を見せるのは二十世紀にはいってから」（田中優子『張形――江戸をんなの性』）

前近代の西欧では、同性愛やオナニーは罪悪視されていたのです。

ところが日本は違います。

「日本の春画においては、マスターベイションは、浮世絵春画誕生当初からのテーマだった」（同前）

その道具としての張形も、江戸文学や春画に登場し、活躍していました。

春画には、奥女中のもとに種々の張形を売りに来る商人（次頁 図）、実際に張形を使う女房や女中たち、張形を使って男女や女同士が遊んでいる絵など、さまざまなバリエーションがあって、いずれも登場人物たちの楽しそうな表情が印象的です。

菱川師宣『床の置物』第一図（国際日本文化研究センター）

もっとも女のオナニーは、奥女中のように、男と接する機会が限られている人がするものという観念があって、張形はそうした人がやむを得ず使うものと考えられていたふしがあります。現に、時代が下るにつれ、張形の売れ行きは悪くなったといい、とくに江戸の庶民の女たちには、「もっと身近に自由になる男たちがたくさんいたから」（同前）あまり需要がなく、「同時に、最大の需要先であった奥女中たちの世界にも変化が訪れていて、ますます売れ行きが悪くなっていった。にもかかわらず、春画の世界では、依然として奥女中は重要なテーマの一つで、『奥女中といえば張形』という連想がついてまわった」（同前）。

いわば、奥女中と張形は、春画の定番であって、それこそ男のズリネタとして使われていた可能性もあるような気もするのですが……（春画には、女のオナニー春画を見ながらオナニーする男の図も描かれています〈月岡雪鼎『艶道日夜女宝記《びどうにちやじょほうき》』挿図。白倉敬彦『春画の色恋——江戸のむつごと「四十八手」の世界』所収〉）。

性のパワーを具現する春画は一面、縁起物としての要素もありました。「合戦の勝利を祈るまじないや、衣装がたまると信じられて、具足櫃や女性の長持に入れられた」（佐伯順子『「愛」と「性」の文化史』）り、大名が春画を交換し合ったり（白倉氏前掲書）、男のみならず、「女性の受け手に享受されるメディアでもあった」（佐伯氏前掲書）といい、受容層には女性もいました。

奥女中と張形の図に、大奥の性の世界を想像して楽しむ女性もいたのかもしれません。

張形の起源

ところで張形はいつごろ日本に出現したのか。

その起源は不明なものの、平安中期の『新猿楽記』には、二十歳年下の夫に性的に相手にされなくなった六十歳の本妻が、稲荷山《いなりやま》に祀られている狐の阿小町《あこまち》の〝愛法〟（男に愛されるために祈る修法）で、男根に見立てた〝鰹破前《かつをはぜ》〟（カツオブシ）を〝甎《うせ》つて（翫《もてあそ》んで）喜ぶ〟とあります。

これは夫の愛を取り戻す呪法で、彼女はその前には、野干坂《きつねざか》に祀られた伊賀専《いがとうめ》という狐神の〝男祭《をまつり》〟（男と逢うために祈る祭）で、〝鮑苦本《あはびくぼ》〟（女性器）を叩いて舞ったとあって、オナニーではないし、金精様《こんせいさま》的な男性器を模した呪物は大昔からあるので、一種の信仰の道具といえます。

が、男性器を模したカツオブシを翫んだという記述は、ちょっとオナニー的な雰囲気もあって、こうしたものが張形に進化していったのではないでしょうか。

いずれにしても、ここは老妻の性欲の強さが面白おかしく描かれた箇所で、非難がましい視線はないものの、いい年をして性欲を持て余して……という感じに嘲笑されており、老女の性への偏見といったものも感じられるくだりです。

女のオナニーは快楽目的より、貞節を保つためのもの？

平安時代の『新猿楽記』の老女といい、江戸時代の春画の奥女中といい、男性器状の物を翫ぶ女は、男と接する機会が少ないために、「性欲を満たしたい」という目的が一つあるでしょう。が、夫以外に相手のいない老女はともかく、奥女中は将軍以外の男と接しないよう、性欲をコントロールするために張形を使っていたという点で、「貞節を保つ」ためにオナニーしていたともいえます。

江戸時代の『艶道日夜女宝記』（一七六九ころ）には、オナニーは心を慰め、血の巡りを良くし、〝貞心〟を破らずに済む、という記述があるといいます（春画ール「春画の穴」その壱「波」二〇二二年十一月号）。

春画ールによれば、「マスターベーションは、気持ちよさを感じるため、というよりも、女性が自分の性欲を律するためにせよ、という位置づけ」（同前）といい、「女性がマスターベーションによって性欲を処理せずに放っておくと、貞心を破るだけでなく、それ以上に取り返しがつかない事態になる」（同前）という考えから、張形を使うことが勧められているというのです。

たとえば夫のモノが貧弱な場合、他の男に走るのでなく、オナニーや夫とのセックスの際に張形を使うことが勧められている、と。

なるほど貞節を保つための張形とは一理あるような気もするものの、春画ールも言っているように、自分のペースで楽しめる張形のほうが好きな女もいたろうし、「こちとらマスターベーションに貞心とか病気予防とか、そんな言い訳聞きたくねぇんだよ」（同前）という意見に同感です。

もっともらしい理屈を並べたところで、張形が快楽目的のものであることに変わりはなく、そんな言い訳をつけなければならなかった江戸時代というのは、性観念がゆるいようでいながら、やはり平安時代などと比べると、男性本位の時代なんだろうな……と思う次第です。

4　月経と日本人のつき合い

生理用品は恥ずかしいか

つい一昔前まで生理用品は、買いにくさを強いられるものでした。「強いられる」というのは、スーパーなどでかごに入れると、レジで茶色い紙袋によって隠されることが多かったのです。そのたびに、「生理用品て隠すようなものなんだ。生理って恥ずかしいものなんだ」と思わされたものです。

震災等の折、救援物資として生理用品を送ることを非難がましく言う人の存在や、生理用品を買えない貧乏学生の存在、生理用品をトイレットペーパーのように大学や公共的な場所に常備すべきといったことが報道されるなど、近年、注目を集めてきた生理。最近でこそ、おおっぴらに語られるようになった生理すなわち月経ですが、戦前の日本では出産と合わせて、月経を「赤不浄」と呼んで、神事を避けるなどもしていました。

さかのぼって室町末期（戦国時代）、日本に初めてキリスト教を伝えたフランシスコ・ザビエルは、一五五二年一月二十九日のヨーロッパのイエズス会員宛の書簡に「僧侶の偽り」として、当時の仏教が月経をどうとらえていたかについてこう書いています。「月経があるために、どの女も世界中のすべての男〔の罪を合わせた〕よりももっと罪が深く、女のように不潔な者が救われるのは難しいことだと言います」（河野純徳訳『聖フランシスコ・ザビエル全書簡』3。〔 〕は引用ママ）

世界中の男の罪を合わせたよりも罪深いとは尋常ではありません。

平安文学でも、月経は〝穢れ〟と呼ばれ、『源氏物語』で、浮舟が母と予定していた石山寺に参詣できない言い訳を、浮舟の侍女は、

「昨夜からお穢れになりまして」（〝昨夜《よべ》より穢れさせたまひて〟）

と表現、簾には〝物忌《ものいみ》〟と書いた札を付けています（「浮舟」巻）。

こんなふうに穢れとしてとらえられていた月経ですが、太古の昔から穢れ意識が強かったかというと、一概にそうとも言えないのでは……と思わせるのが、『古事記』の記述です。

生理中の性愛

それは、ヤマトタケルが、父景行天皇に命じられ、東征に向かった時のこと。往路、途中の尾張国で、彼はミヤズヒメと結婚を約束、東国の荒ぶる神と従わぬ者たちを平定し、帰路、再びミヤズヒメを訪ねます。すると、彼女の襲衣《おすい》（着衣の上に重ねて着る衣装）の裾に〝月経《さはり》〟の血が付いている。それを見たヤマトタケルはこんな歌を詠んだ。

「天の香具山を、鋭くやかましく渡って行く白鳥のように、弱々しく細い、あなたのたおやかな腕を、枕にして寝ようと私はするけれど、あなたと寝ようと私は思うけれど、あなたの着ている襲衣の裾に月が出てしまった」（〝ひさかたの　天《あめ》の香具山《かぐやま》　鋭喧《とかま》に　さ渡る鵠《くび》　弱細《ひはぼそ》　撓《たわ》や腕《がひな》を　枕《ま》かむとは　吾《あれ》はすれど　さ寝むとは　吾は思へど　汝《な》が着《け》せる　襲衣《おすひ》の襴《すそ》に　月立ちにけり〟）

するとミヤズヒメはこう切り返しました。

「空高く光る日の御子、国の隅々まで支配する我が大君、年が過ぎるにつれ、月も過ぎていく。ほんとにほんとにほんとに、あなたを待ちかねて、私が着ている襲衣の裾にも新月が出たのでしょうよ」（〝高光る　日の御子　やすみしし　我が大君　あらたまの年が来《き》経《ふ》れば　あらたまの　月は来経行《きへゆ》く　うべな　うべな　うべな　君待ち難《がた》に　我が着せる　襲衣の襴に　月立たなむよ〟）

こうして二人は結婚した（〝故爾《かれしか》くして、御合《みあひ》して〟）といいます。

男側には生理中のセックスを躊躇《ちゅうちょ》する気持ちがないわけではないものの、女側がそれを気にするそぶりはありません。

いずれにしても、二人に月経に対する穢れの意識はあまり感じられず、月経はセックスの妨げにはならなかった、と、この話を見る限り思えます。

死には強い穢れ意識

月経に関して、『古事記』に穢れ意識は感じられませんが、死にまつわる穢れ意識はあって、黄泉の国から戻ったイザナキが、

「私は、なんとも醜さに満ちた、醜く穢い《きたな》国に行っていたものだ。だから私は身の穢れ《けが》を洗い清める禊《みそぎ》をしよう」（〝吾《あれ》は、いなしこめ、しこめき穢き国に到りて在りけり。故《かれ》、吾は、御身《みみ》の禊を為《せ》む〟）

と言って、杖や帯、袋、着物等々を投げ捨て、身をすすぎ、そこから次々と神を生み出すシーンがあります。

これは見方を変えれば、穢れから神を生み出しているともいえ、出産と穢れ意識は結

びついていた可能性はあります。

その出産と関わる月経、同じように出血する月経に、古代人は嫌悪感までは覚えなかったにしても、一種の畏《おそ》れのような感情が、とくに男側にはなかったとはいえないでしょう。

ヤマトタケルは、ミヤズヒメとの結婚後、伊吹山《いぶきやま》の神の化身である白猪を、神そのものではなく、神の使いと勘違いして、誤った発言をしたために前後不覚に陥り、結局、そのまま力尽きて伊勢国の能煩野《のぼの》で望郷の歌を詠みながら死んでしまいます。

ミヤズヒメとの結婚は、こうした失敗の文脈で語られているわけで、ひょっとしたら生理中の女とセックスするというのは、太古の昔、タブーでないとはいい切れないのでは……そんなふうにも思うのです。

第五章

ＬＧＢＴもすべて認識されていた前近代

盛んな男色に宣教師もびっくり

1　宣教師が驚いた日本人の性意識

「この人たちは男色を禁じている」と宣教師をあざ笑っていた日本人

中世から近世への境目……十六世紀後半から十七世紀前半の日本人の性意識については、室町時代末期から安土桃山時代にかけて来日したキリスト教宣教師による記録が参考になります。

たとえば一五五二年一月二十九日、ザビエルがヨーロッパのイエズス会員に宛てた書簡にはこんなことが書かれています。

「子供や大人が後についてまわって、私たちをあざ笑い、『この人たちは、私たちが救われるためには、神を拝まなければいけないし、天地万物の創造主のほかに私たちを救える者はいないと言っている人たちだよ』と言い、他の人は、『この人たちは、一人の男は一人の妻しか持ってはならないと説教している人たちだよ』と言い、〔また〕他の人は、『この人たちは男色《なんしょく》の罪を禁じている人たちだ』と言いました。つまり、これらの悪事が彼らのうちにごく普通に行われているために、〔このようにはやしたてるのです〕」（河野純徳訳『聖フランシスコ・ザビエル全書簡』3。〔　〕は引用ママ）
当時の日本人は、男色を罪悪視する人を、神に救いを求めて拝む人、一夫一婦を守る人と同列にあざ笑っていた。逆に言うと、一夫多妻はもちろん、男色をも普通に受け入れていたわけです。

宣教師から見た日本人の三大悪事はアニミズム、男色、子殺し

一方のキリスト教では、『旧約聖書』の「創世記」で、神に滅ぼされたソドムの町は、男色の象徴とされています。

また『新約聖書』の「ユダの手紙」にも、ソドムやゴモラ、その周辺の町の人々は、「みだらな行いにふけり、不自然な肉の欲の満足を追い求めた」（第7節）とあって、具体的な男色行為は描かれないものの、ソドムといえば邪悪、邪悪といえば男色という感覚だったのです。

そんなわけで、日本人の男色への罪の意識のなさに驚いた宣教師はザビエルだけではありません。

前章（第四章1）にも登場した滞日生活三十四年のルイス・フロイスも、日本人の行っている三つの大きな悪事の「第二」として「男色」を挙げ、
「（修道士）は彼ら（聴衆たち）に、その（罪が）いかに重く汚らわしいかを訓戒し、天地の主なるデウスがこの悪行のために、極度に重い懲罰をこの世で与え給うたことを人々の眼前に思い浮かばせた」（松田毅一・川崎桃太訳『フロイス日本史』6　豊後篇Ⅰ第三章。（　）は引用ママ）
と、著書『日本史』に記しています。
ここからは、当時のキリスト教が男色をいかに罪悪視していたか、それに対して日本人がいかに男色を受け入れていたかが浮き彫りになります。

ちなみにフロイスが日本人の大悪事とした三つのうちの第一は、創造主であるデウスを忘れ、その大敵である悪魔が祀られている木石や無機物を礼拝していること。いわゆるアニミズムです。第二が男色で、第三は、
「婦人は子供を産むと、養育しなくてよいように殺してしまったり、（胎児）をおろすために薬を用いること。――それはきわめて残忍でかつ非人道的なことである」（同前）

といいます。

前近代の日本での子殺しについては別の機会に述べますが（↓第七章2）、宣教師の目に余るものがあったようです。

とはいえ、ザビエル、フロイス共に日本人の知性に驚いており、ザビエルは、

「日本人はたいへん立派な才能があり、理性に従う人たちなので、これこそ真理であると思い、信者も信者でない人もキリスト教の奥義を喜んで聞きました」（ザビエル前掲書）

またフロイスは、

「私には、新たに発見された世界においては、新しいキリスト教徒のうち、これら（日本人）に優り、もしくは彼ら以上に明晰な理解力を有する国民はいないと思われます」（前掲書）

と記しています。

幕末、清国と日本を旅したシュリーマンも、芝居の淫らなシーンを日本の男女が共に楽しむ様を、

「男女混浴どころか、淫らな場面を、あらゆる年齢層の女たちが楽しむような民衆の生

活のなかに、どうしてあのような純粋で敬虔な心持ちが存在し得るのか、私にはどうしてもわからない」（ハインリッヒ・シュリーマン／石井和子訳『シュリーマン旅行記　清国・日本』）

と感激気味に記し、明治初期、日本を旅したイギリス人女性のイザベラ・バードも、日本人は、

「道徳観が堕落している」（イザベラ・バード／時岡敬子訳『イザベラ・バードの日本紀行』上）

「子供たちは幼いころから節度のない会話を両親から聞いており、イギリスの子供たちの最大の魅力のひとつであるあの純真無垢なところを持たずに成長してしまう」（同前）

としながら、

「ふたりの外国人女性が従者すらつけず二〇〇マイル［約三二〇キロ］近くを、それも西洋人をめったに見かけない地域を旅して、一度のゆすりや無礼な行為や難事にも遭わないばかりか、どこにおいても丁重で親切な扱いを受けたことは、この秩序正しく平穏な地で外国人がいかに安全を享受しているかを示す証拠です」（同前、下。［ ］は引用ママ）

と、十九世紀後半の日本人を称えている。

このあたり、彼ら西洋人の中に、日本を理想郷と見なすようなエキゾチシズムの感覚があるような印象も感じられますが、彼らの目から見ても日本人が驚くほど文化的であるだけに、その性的放縦さ……あくまで彼らの観点においてですが……とのギャップに余計に驚いたわけです。

それくらい、前近代の日本人は、少なくとも十六世紀から十九世紀に至るまで一貫して性的快楽を良しとしていたようなのです。

2　平安末期に書かれたトランスジェンダーの物語

LGBTのすべてが描かれていた前近代の日本の古典文学

セックス自体を肯定的にとらえていた日本人は、同時代のキリスト教国と比較すると、多様な性愛に寛容とまでは言えないまでも（それについては追々触れていきます）、多様な性愛が「ある」という認識を古くから持って、それを文芸に描いてきました。

とくに男色は、前項で見たように宣教師もびっくりの普及ぶりでしたが、昔の男色は女色・男色の両性愛を前提にしていることが多く、今のゲイ（同性愛。ここではとくに男性同性愛をゲイと呼びます）とは違います。もちろん今でいうゲイもいて、西鶴の『男《なん》色大鑑《しょくおおかがみ》』には、女には見向きもしない六十過ぎの爺カップルが登場しますし（巻四。拙著『くそじじいとくそばばあの日本史――長生きは成功のもと』参照）、ヱレキテルで有名な平賀源内も、男性だけを愛した今でいうゲイです。

このように、前近代の男色は両性愛が前提なので、当然、バイセクシャルにあふれていました。また数少ないサンプルとはいえ、古典文学にはレズビアンとトランスジェンダーも描かれている。

つまり古典文学にはLGBTすべてが描かれているのです。

『とりかへばや物語』のトランスジェンダー兄妹

平安末期の『とりかへばや物語』(十二世紀末)は、トランスジェンダーと思しき兄妹(どちらが年上かは不明ですが、物語では女という意味で〝妹の姫君〟という記述もあることから兄妹とします)が主人公です。

ある大貴族には北の方が二人いて、一方の北の方から生まれた若君は恥ずかしがりやで内にばかりいて絵を描いたり人形遊びをしたりしている。もう一方の北の方から生まれた姫君は外にばかりいて、若い男やガキどもとボールや小弓で遊び、お客が来ると走り出て行って、一緒に笛を吹いたり漢詩を詠じたり歌を歌ったり。それでお客たちは皆、この姫君を若君だと思うようになった。

こんな有様なので、父親は内心、二人を、

〝とりかへばや〟(取り替えたい)

と思っていたというのが物語のタイトルの由来です。

そして人々が誤解するまま、本人たちの言動のまま、姫君のことを〝若君〟と呼び、若君のことを〝姫君〟と呼んで二人を育て、妹の〝若君〟はそのまま男として中将の地位を得て、十六歳で右大臣の四の君と結婚。兄の〝姫君〟は女東宮に出仕して尚侍《ないしのかみ》となります。ちなみに尚侍は女だけの職場である内侍司《ないしのつかさ》の長官です。

思春期を迎え、体の性差が顕著になる時点で物語は転がりだし、二人は体の性ではなく、心の性に従った人生を歩み出すわけです。

トランスジェンダーの物語の行方と限界

今でこそこの手の男女入れ替わりの話は漫画やアニメにもあって、体は女なのに王子として育てられる「リボンの騎士」も類話に数えられるかもしれません。しかし「リボンの騎士」が王子になるのは本人の意思ではないのに対し、『とりかへばや物語』の兄妹は本人たちの嗜好《しこう》がそうであったという点で、今のトランスジェンダーに近いものがあり、物語ができた平安末期には斬新この上なかったでしょう（のちに天狗のしわざで、男は女、女は男のようになっていたという種明かしはあるのですが）。

が、その時代ならではの「限界」も、当然ながら孕《はら》んでいる。

というのもこの物語では、女の体を持つ者は心がどうであろうと必ず妊娠し、男の体を持つ者は女を妊娠させるという設定です。

結果、男姿で生きる妹は男に犯され妊娠、妹の妻である四の君もまたこの男と密通して妊娠、一方の女姿で生きる兄は女東宮を妊娠させてしまう。

そしてラストは兄妹がそれぞれの立場を交換することでうまく収まるというオチです。男姿で生きてきた妹は体の性である女として中宮の地位にまでのぼりつめ、女姿で生きてきた兄は体の性である男として位人臣《くらいじんしん》を極めることで大団円を迎えるのです。

これは現代人の目から見ると微妙でしょう。

そもそもこういう男女入れ替わりモノは性差をとことん意識するので、一見、男女の枠を外したようでいながら、その実、男女の役割をステレオタイプなまでに規定する。その最たるものが、男は女を妊娠させ、女は男に妊娠させられるという身も蓋もない一点です。

こうしたトランスジェンダーの物語がなぜ平安末期という時代に書かれたのかを考えた時、この時代が、女の強い貴族の時代から、男の強い武士の時代への「転換期」であることに気づきます。

それまであいまいだった性別役割分担が確認・強化される過程で、男女入れ替わりの物語という、かえって性差が強調される物語が生まれたと思うのです。

同時期、女でありながら眉も処理せずお歯黒もせず、男の白袴を穿いて、男の子と一緒に虫を可愛がる「虫めづる姫君」(『堤中納言物語』)が書かれたのも偶然ではないでしょう。

男女両性を具有してこそ最強という思想

注目すべきは、男としての暮らしをしていた妹が、それゆえに理想の女性……もとい理想の人間として描かれていることです。

「これまで快活に振る舞うことに馴れているので、弱々しく閉じこもって鬱陶しい風情ではなく、明るく晴れやかで世馴れしたところがあって、嘆いてもひたすら沈み込むわけではなく、泣くべき時には泣き、面白く冗談を言う時には笑い」

という有様なので、他に女がいる男も「〝我身にかへても〟何とかこの人を安産させてあげたい」と思ったと、その魅力のとりこになっています。

そして兄と入れ替わって尚侍として女東宮のもとに参上した際も、

「〝男の御身〟として暮らし馴れたご気性なので論理的にあるべき様も思い巡らして」

といった具合に、女姿の兄によって妊娠させられた女東宮を思いやりながら、女東宮の妊娠を知る女房を味方につけつつ、女東宮の出産を手伝います。その様が、

「昔の尚侍（実は女姿の兄）よりも論理的で、昔は雰囲気もただほんわかとして、立て続けに喋ったりもしなかったのに、今は聞き分けやすく喋る様子も魅力的で、もっと聞いていたくなる感じで、とても素敵である」

そんなふうに女の目にも映るのです。

要するに、男として暮らしていた過去のおかげで、妹は、女として暮らしていた兄よりもはきはき論理的で、男をも女をも魅了しているわけです。

一方の兄の存在感が薄いのは、貴婦人が顔を見せる異性は親兄弟か夫に限られていたこの時代、男として生きる妹に焦点を当てたほうが断然面白く、同時に女がいかに理不尽な生き方を強いられていたか、男として暮らした経験のある女の目線でえぐり出したいという作者の思いもあったのでしょう。

男と女の両界を経験した兄妹が現世の最高の地位にのぼりつめていることにも注目で、

二つにすっぱり分けた性でなく、その両方を兼ね備えてこそ最強という『古事記』『日本書紀』以来の思想と共に、両性の長所を持った人間こそ魅力的という考え方がうかがえます。

3　数少ないレズビアンが描かれる『我が身にたどる姫君』『好色一代女』

男色に比べ、極端に少ないレズビアンの話

日本人が、男色を罪悪視する宣教師をあざ笑っていたことはすでに触れた通りで（↓第五章1）、男色を抜きにしては日本の歴史や文芸は語れないほど、人々の意識に浸透していました。

ところが……。

女性同性愛……レズビアンに関しては非常に資料が少ないのです。

先に紹介した十二世紀末に成立したとされる『とりかへばや物語』で、男として暮らしていた〝妹〟が右大臣の四の君と結婚生活を送っていたのは、一種、女性同性愛のようでもありますが、〝妹〟の自己認識は男で、しかし体が女であることに悩んでいたのですから、レズビアンとはいえないでしょう。

一方、女として生きていた〝兄〟が女姿で女東宮のそばにいるうちセックスに至るのは、見た目的にも、〝兄〟の自己認識としても女性同性愛にやや近いものがあるかもし

れません。

『我が身にたどる姫君』の両刀皇女

女性同性愛を描いた物語として有名なのが十三世紀後半の『我が身にたどる姫君』です。

ここに登場する嵯峨院の皇女である前斎宮が、女房と共に薄い衣を引きかぶり、長時間、相手の〝首を抱きてぞ臥したる〟という有様で、泣いたり笑ったりしている。

彼女はお気に入りの小宰相《こざいしょう》という女房に一日中くっついて臥《ふ》し暮らすという状態で、寵を奪われた中将（の君）という女房は不機嫌になる……。

一方、前斎宮に新大夫という新たなお気に入り女房ができると、つきまとわれていた小宰相は、暑いし首は痛いし、前斎宮がお箸でものを食べさせたりするのもつらかったりしていたものですから、嬉しく思うものの、中将の君の嫉妬が心配でもある。

そんなこんなで周囲にも辟易《へきえき》されているという設定の前斎宮でしたが、新大夫が連れて来た若公達とあっさり男女の仲になってしまいます。この男にも前斎宮はまとわりついて離れない（巻六）。

前斎宮は女が性的に好きなようでいながら、男ともわりあい簡単にセックスしてしまう、軽々しいキャラクターとして描かれているのです。

『好色一代女』に登場する同性愛婆

『我が身にたどる姫君』に描かれる前斎宮が女オンリーではないのに対し、井原西鶴の『好色一代女』（一六八六）に出てくる婆さんはひたすら女だけを愛し、女を妻や妾にしているという、古典文学でも希有な人です。

ヒロインの一代女が江戸や京・大坂での勤めも飽きたので、堺で奉公口を探していたところ、

「ご隠居のお寝間近くで夜の寝具のあげおろしをするだけ」

という楽な仕事を見つけます。

ところが彼女を採用した家の姥《うば》は、屋敷に案内しながらこんなことを言います。

「ご主人は嫉妬深い。店の若い衆と話をするのもお嫌いになる」

「奥様が横柄な口をきいても聞き流しなされ。今の奥様ははじめの奥様がお連れになった腰元だったが、奥様亡きあと、ご主人が物好きで奥様にした。成り上がり者のくせに

わがままを抜かす」

しかし食べるものは贅沢《ぜいたく》できるし、毎日、〝湯風呂〟を沸かしてくれるといいます。当時の一般的なお風呂は蒸し風呂で今でいうサウナ。湯を沸かして入るいわゆるお風呂は金持ちの贅沢で、一般人はもらい風呂をしたり、あるいは銭湯に行ったりしていた。それを毎日沸かしてくれるというのですから、雇い主の金持ちぶりもさることながら、気前の良さが分かります。西鶴の作品に登場する金持ちはケチが多いだけに、この雇い主の鷹揚《おうよう》さは印象的で、奉公人にはいいこと尽くめに見えますが……。

「ただし」

と案内の姥は念を押すのです。

「内輪のことはゆめゆめ外に漏らしなさるな」（〝内証の事、ゆめ〳〵外へもらし給ふな〟）と。

雇い主は七十の年寄りと聞いた一代女は、

「そんな〝年寄男〟はこちらのあしらい一つ。縁があって年季を重ねることになったら、隙を見て男でも作って、妊娠したら主人の子ということにして遺言を書かせ、末は楽に暮らしますよ」

などと思案を固めているうちに、屋敷に着きます。

ところが一代女が男と思っていた雇い主は七十歳ほどの丈夫そうな〝かみさま〟（おかみさん）でした。しかも、

〝かみさまと同じ枕に寝よ〟

という命令があったので、

「お腰などをさするのか」

と思っていたところ、〝かみさま〟が〝男になりて、夜もすがらの御調謔《たはぶれ》〟となります。

この〝かみさま〟の〝願ひ〟は、

〝一度《ひとたび》は又の世に男とうまれて、したい事を〟

というものなのでした（巻四「栄耀願男《ええうねがひをとこ》」）。

案内の姥の言う〝旦那〟＝ご隠居（〝かみさま〟）は女性同性愛者で、奥様というのはその伴侶を指していたのです。つまり婆には女のパートナーがいたわけで、一代女は、同性愛のお相手をつとめるために雇われたのでした。

婆は「一度は来世に男と生まれて、したいことを」と願っていて、タイトルもその願いが全面に出たものです。鎌倉時代の『我が身にたどる姫君』以上にはっきりと女性同性愛の世界がここには展開しています。

しかし男色が現実世界でも文芸でも大手を振って認められていたのに対し、女性同性愛の肩身の狭さは「家のことは口外するな」という案内の姥のことばから分かります。

そしてこれは拙著『くそじじいとくそばばあの日本史』でも書いたことですが、気になるのは、

〝我を女にして、おぬしさまは男になりて、夜もすがらの御調謔〟

という表現です。今も同性愛者に「どっちが男役？」などと聞くぶしつけな人がいますが、当時もそういう感覚だったのでしょう。

いずれにしても、西鶴の小説は現実に取材したものが多く、この話は、数少ない女性同性愛者の貴重な資料といえます。

春画に見る女性同性愛

数少ないとはいえ、当時、女性同性愛が認識されていたことは、西鶴が活躍したのと

同じ元禄時代、性風俗を描いた『好色《こうしょく》訓蒙《きんもう》図《ず》彙《い》』（一六八六）を見ても分かります。

図は「艶本資料データベース」（国際日本文化研究センター〔日文研〕）のもので、「合淫《ともぐひ》（婬）」というのが女性同性愛を指します。のしかかっている女が張形を腰につけ、下の女の性器に入れています。説明文には、

〝水牛の御姿をとややかふやしてもとめて〟

吉田半兵衛『好色訓蒙図彙』第二冊より
（国際日本文化研究センター）

とあって、水牛（の角？）で作った張形であることが分かります。

気になるのは「合淫《ともぐひ》（婬）」というネーミングで、これは明らかに男目線ではないか。

江戸時代の性風俗本や春画で注意が必要なのは、それが男目線の想像で描かれた可能性があることで、必ずしも女性同性愛者の実情を反映しているとは限らないかも

しれないということです。

しかしだからといって、それをすべて否定するのも、違うのではないかと私は考えます。

現在の女性同性愛でも「双頭ディルド」といって、二つのペニスのついたディルドを使い、女同士が楽しむことがありますが、それと似たようなものでしょう。

たしかにここには奥女中とは男根に飢えているものだという固定観念ゆえの妄想が多分に感じられ、こうした図の多くは男を楽しませるために描かれ、男のオナニーのネタになったことは事実かもしれない。

が、春画の受容層には女性もいた（↓第四章3）ことを思うと、女性もこうした図柄を楽しんでいた可能性もあるでしょうし、そもそも女同士で張形を使うこと自体、一種の女性同性愛、レズビアン的行為と見なせるのではないでしょうか。

もちろん、江戸時代の男色が基本的に両性愛を前提としていて、今の男性同性愛とは違うように、春画に描かれる女性同性愛的な図のすべてが今の女性同性愛と重なるわけではなく、むしろそれらはごく一部かもしれません。ただ、男色者の中にも平賀源内や

『男色大鑑』の六十過ぎても男だけを愛するカップルがいたことを思うと、女性同性愛的な春図の中にも、今の女性同性愛と同じ類いはあったと思うのですが、いかがでしょうか。

4 〝偽男子〟〝をんな男〟〝仮男子〟と呼ばれた江戸後期の人々

前近代の性的少数者の生きにくさ

前近代の日本の文芸には、ＬＧＢＴすべてが描かれていたわけですが、だからといって性的少数者が生きやすい社会であったかというと、いわゆる両刀の男たちを含めた男色はともかく（あとで触れるように男色もさまざまな問題を孕んでいました）、決してそうとはいえないと、古典文学を読んでいると感じます。

女性同性愛者の肩身の狭さはもちろん、トランスジェンダーにしても、『とりかへばや物語』では結局、主人公たちが体の性に従った生き方をして終わっていました。もちろん八百年以上も前にそうした人々の苦悩に焦点を当てたことは画期的ですし、そこで浮き彫りにされた当時の女の生きにくさは現代人が読んでもうなずけるものがあります。

が、時代が進むと共に、性的少数者が生きやすくなったかというとそんな感じでもなく、江戸後期の随筆にもトランスジェンダー的な人々は出てくるものの、その境涯は必ずしも平穏なものではありませんでした。

〝偽男子〟に〝をんな男〟

曲亭馬琴が有志と共に奇談を持ち寄って発表し合っていた兎園《とえん》会という会があり、その名前にちなんだ『兎園小説』という奇談集を編纂しています。この兎園会の途絶後も、馬琴は奇談集をいくつか編纂しており、『兎園小説余録』（一八三二）もその一つです。この本は、〝殺伐の事などは、しるすまじき〟と有志と決めていた『兎園小説』には載せなかった話題を捨てずに記録したと〝割註〟に記されるだけあって、かなり殺伐とした話が掲載されている。そうしたことも考慮すべきではあるのですが、そこに「偽男子」という見出しのこんな話があります。

麴町十三丁目にある蕎麦《そば》屋の下男に、吉五郎という者がいた。この者は実は〝女子〟であったが、人々は久しくこれを知らなかった。年は二十七、八くらい。月代《さかやき》を剃《そ》り、常に腹掛けをきつく掛けて、乳を見せない。背中には大きな彫り物があり、俗に〝金太郎小僧〟というものの姿を彫っている。その他、手足の甲まで体中に彫り物をしていた。丸顔で太り肉《じし》で大柄。その働きは男と異なるところはない。初めは四谷新宿にある引手《ひきて》茶屋《ぢやや》（遊客を遊女屋に案内する茶屋）にいて、そののち、その蕎麦屋に来て勤めたという。

誰言うともなく、彼は、

〝偽男子〟

であるという風聞があった。そのためか四谷大宗寺《たいそうじ》（太宗寺）横町にいる博奕《ばくち》打ちがこの吉五郎と通じて男子を生ませた。これが大きな噂になったので、蕎麦屋の主人は吉五郎に暇を取らせ、生まれた男子は引き取って養育した。かくて吉五郎は木挽町《こびきちょう》のあたりに赴いて暮らしていたころ、天保三（一八三二）年九月、町奉行所に召し捕らえられて入牢した。その取り調べのため、牢屋敷から引き出される折は、小伝馬町《こでんまちょう》のあたりに見物人が群集した。この吉五郎は他郷で夫を殺害し、逃げて江戸に来て、〝偽男子〟になったともいう。世を忍ぶためというわけだが、虚実は定かではない。四谷の人に尋ねても、何のために男子になったのか、その理由は分からない。

四谷にはまた別の〝異形の人〟がいて、ある大番与力の弟子におかつという者がいた。幼少のころからそういう〝好み〟であったのか、万事、〝女子のごとく〟であったが、成長してもその姿形を改めない。髪も丸髷《まるまげ》にして櫛笄《くしこうがい》を差し、衣装はもちろん女のようなので、ぱっと見には誰も男とは思わないのだが、歩き方が女子のようではない。天保三年時点で四十歳ほどであろう。妻もあり子も何人かいて、鍼医《はりい》をなりわいとしてい

た。四谷ではこれを、

〝をんな男〟

と言って、知らない者はいなかった。長年こんな〝異形の人〟であったが、悪事は聞かない。かつ与力の弟（弟子？）であるからか。

最初から咎《とが》もないので、例の〝偽男子〟の吉五郎はこの〝おかつ男〟を羨ましく思って男の姿になったのか、よく分からないという。

江戸時代から新宿二丁目にはトランスジェンダーがいた？

これを見ると、〝をんな男〟のおかつは妻子もたくわえながら女装もし、自由に生きていたように見えるものの、〝偽男子〟の吉五郎のほうは妊娠までさせられ、人々の好奇の目にさらされて、どんな罪を犯したのか奉行所のお世話にもなって波乱の人生であったようです。やはり体が女ということで、女の自由度の低い「時代性」を反映しているのかもしれません。

おかつにしても、〝をんな男〟〝異形の人〟と呼ばれて、否が応でも人々の注目を浴びていたのです。

ちなみに四谷大宗寺横町というのは今の新宿二丁目の太宗寺のあたりで、周辺には江戸時代から遊郭があり、また戦前から新宿で働く男娼やトランスジェンダーたちが集まって暮らしていた。戦後、ゲイバー一号店として新宿駅前に出店した「夜曲」も、戦前は太宗寺裏にあった可能性が高いといいます（伏見憲明『新宿二丁目』）。〝偽男子〟と呼ばれた吉五郎が、一時期、太宗寺あたりにいたというのは偶然とは思えません。

不思議な〝仮男子〟

一方、同じ『兎園小説余録』に出てくる〝仮男子〟の宇吉は、かなり自由な暮らしをしていました。

馬琴の友達である松坂の篠斎《しょうさい》（殿村安守《とのむらやすもり》）からの手紙によると、京都の祇園町に宇吉という者がいて、これは女であって、もとは〝曲妓〟（遊廓の娼妓?）であったのだが、いつのころからか〝男姿〟になっていた。衣服から立ち居振る舞いまですべて男と変わることはない。

そしてそのあたりの娼妓と情を通じて、いわゆる〝間夫《まぶ》〟になっている相手は一人や二人ではない。当時は引退した美しい曲妓と〝夫婦〟になって、一つ家に住んでいた。

両婦の同衾中の会話などは男女のそれと変わりない。広い宇宙にはさまざまな〝奇物〟もあるものだ。宇吉のことは琴魚《きんぎょ》（櫟亭《れきてい》琴魚＝殿村精吉。馬琴の門人で篠斎の義弟）などはよく知っている。遊廓の中などには姉妹分などといって、男女の間よりも親しい筋もあるものなので、宇吉はそれがエスカレートしたものか。

そんな報告を受けた馬琴は、「思うにこの宇吉は〝半月《ふたなり》〟であろう」と、宇吉が半陰陽である可能性を指摘して、半陰陽の実例をあげています。

宇吉が果たして馬琴のいうように半陰陽であったのかは不明ですが、体は女のようで、遊廓の娼妓として働いていながら、いつの間にか男姿になって娼妓の恋人となって過ごしており、それを周囲も認めていた、そんな人物が江戸後期に実在していたというのは興味深いものがあります。

先の太宗寺周辺といい、祇園といい、水商売的な場所では、性的少数者も受け入れられていたのでしょうか。

逆に言うと、江戸時代はそうした性を売り物にする場所でしか、性的少数者は生きられなかったのかもしれません。

第六章

女々しい男、雄々しい女

男も泣くべき時に泣くのが日本の伝統

1　平安時代からあった〝女々し〟ということば

『落窪物語』のヒーローは女々しい男だった

私の子ども時代、「女々しい男」とか「女の腐ったような」という言い回しがあって、小学校の先生も使っていました。どちらも否定的な意味合いで、そこに「女」という性がかぶせられているのに対して、子どもながらに「なぜ?」と違和感を覚えたものです。最近でも性格が爽やかで頼りがいのある女性を「男前」と形容したりするのを見かけますが、これも私は抵抗があります。「女前」ではいけないのか、と。

そこには、男や女に対する固定観念がにじんでいて、もやもやするのです。

そんなわけで、人を形容する際、男や女といったことばを極力使わないようにしているのですが、実は「女々しい」ということば、千年以上の歴史があります。

『源氏物語』にも、主人公の源氏が亡き愛妻の紫の上の手紙を処分する際、

「これ以上取り乱すのも、〝女々しく〟見苦しくもあるので」と、よく見もせずに焼かせるシーンがあり（「幻」巻）、また宇治十帖の薫が〝女々しく〟とか〝女々しくねぢけて〟と形容されています（「宿木」巻）。

〝男々し〟ということばもあって、これはシチュエーションによって良い意味と、あまり良いとは言えない意味とがありました。

〝女々し〟も同様です。

『源氏物語』ではすべて否定的な意味合いですが、それより百年ほど前に成立した『落窪物語』では、単に「女みたいに」といった意味で使われています。

『落窪物語』は有名な継子《ままこ》いじめの物語で、継母によって落ちくぼんだ隅に住まわされ、〝落窪の君〟という屈辱的な名をつけられていたヒロインのもとに高貴な貴公子が通い始めます。それを継母が覗《のぞ》き見てしまう。ヒロインは継母の命令で家族の縫い物をさせられており、貴公子は布を引っ張る手伝いなどをしている。継母は、自分が大切にしている娘婿にもまさる貴公子の容姿に驚愕し、

「男を通わせている気配は知っていたが、そこその身分の男だろうと思っていたら、これはただ者ではない。こんなにぴったり寄り添って〝めめしく〟一緒に仕事をしてい

ると は、生半可な愛情ではあるまい」と考え、なんとかして二人の仲を引き裂こうと画策します。結果、ヒロインは監禁されて、継母の送り込んだ老医師（継母の叔父）に犯されそうになるものの、助け出され、貴公子と結婚。貴公子は継母に仕返しをするという展開です。

この〝めめしく〟はことば通り「女のように」という意味です。意地悪な継母のことばですから、多少、否定的な意味合いもあるかもしれませんが、縫い物を手伝っていることを指しているだけで、性格的な難癖というわけではなさそうです。

『落窪物語』のヒーローは、当時、女の仕事とされていた縫い物の手伝いをする、「女々しい」男というわけです。

調理やお産の手伝いをする大貴族

『落窪物語』に限らず、平安文学に描かれる大貴族は、私の子ども時代なら「女々しい」と言われそうな仕事を、妻や娘のために進んでしていました。

『源氏物語』より少し前に成立した『うつほ物語』には、妻が妊娠すると、「女の子が生まれるかも」（〝女御子《みこ》にてこそあれ）

と期待して、

「〝生まるる子、かたちよく、心よくなる〟と言われる食べ物」を、包丁やまな板まで用意して、

〝手づから〟

と言わんばかりに、妻に付き添って調理してあげる大貴族が登場します（「蔵開　上」巻）。


女の子が生まれるかも……と期待しているのは、娘を天皇家に入内させ、生まれた皇子を即位させてその後見役として母方の一族が繁栄するという「外戚政治」が行われていたから。それでなくても、男が女の実家に通っていた当時、家土地が娘に伝領されることは多く、娘は大事にされていたのですが、大貴族の場合、政治の道具として欠かせないために余計に娘の誕生が望まれたのです。

『うつほ物語』には東宮の妻となった娘が第三皇子を出産するため里下がりした際、〝御手づから〟まかないをする大貴族も登場します。左大臣という政界の実力者である彼は、親しくお仕えする女房を御前に召して、産後に必要な食事を万事、調理して娘に差し上げます（娘は東宮妃なので父以上の地位です）。女房が思い通りにできないと、〝御

手づから〟調理、正妻腹の息子たち、つまり娘の同母兄弟も出仕しないで姉妹のために控えており、

「何か私どもも致しましょうか」

と父大臣に尋ねると、父は、

「そなたたちはまだ未熟だろう。この爺はたくさんの子を生んだ、孫の母（つまり正頼の妻）もいたわり馴れている。こういう人（産婦）をこの折によくいたわって、気を配れば、容姿も特段損なわれぬものだ。東宮がよく思ってくださっているようだから、やつれさせずに参内させたい」

と言って、いろいろと素晴らしい食べ物を作って差し上げた（「国譲　中」巻）。

いかがでしょう。

この大貴族は、産後の娘のために滋養のあるものを〝手づから〟用意するだけでなく、その母……つまりは自分の妻が子を生むたびに何度も同じようにしてきたと言うのです。その様子を息子たちにも見せ、教えている。

上流階級の奥方が料理などしないのは前近代のどの時代にも言えることですが、平安

中期に限っては、上流階級の男が、産前・産後の妻や娘のために調理をしていたらしいのです。

注目すべきは、娘の食事の世話をするのが母親でも姉妹でもなく、父親で、それを教える相手も息子たち……と、すべて男で固められていること。母や姉妹といった女たちは大切にかしずかれる存在だったのです。

この父親は、のちに孫娘である女一の宮（長女が入内して生んだ皇女）のお産が難産で滞った際も、

「大丈夫。この正頼が生かして差し上げます。女一宮はお疲れなのでしょう。人は疲れるとこういうこともあります。私は二十人以上の子どもの父親です。この大勢の娘たちが生んだお子たちは、どの娘のお子をも、私が世話をして生ませて差し上げました。まず湯を差し上げよう」

と、狼狽《ろうばい》する女一の宮の夫（つまりは孫娘の夫）を励まし、お産を成功に導いています（「国譲　下」巻）。

この大貴族は妻や娘だけでなく、孫娘のお産も助けているわけです。

もちろんこれは物語ですが、現実の世界でも、大貴族の娘たちがいかに大切にされ、宮中からの退出や参内の折などは、兄弟たちが召使のように送り迎えをしていたことは、『栄花物語』や貴族の日記などからもうかがえます。

お産の介助をしていた鎌倉初期の大貴族

夫が妻の出産の手助けをすることは鎌倉時代に入っても続いていたようで、二条と呼ばれる実在の女性による赤裸々な告白録『とはずがたり』には、後深草院の愛人だった彼女が、別の男の子どもを生む際、その男が介助してくれた様が描かれています。

産気づいた二条があまりの苦痛に起き上がると、その男は、

「あのさ、出産の時は腰とか抱くらしいけど、そういうことをしていないから滞っているのかも。どうやって抱けばいいの」

と言って二条を抱き起こします。その袖にすがりついて、ほどなく赤子が生まれたのでした。

〝あなうれし〟

と言って、

「重湯を早く」

などと男が言うので、事情を知る女房たちは、

「いったいどこでこういうことを習われたのでしょう」

と、感動し合ったのでした（巻二）。


この二条の恋人は作品では〝雪の曙〟というハンドルネーム的な仮名が与えられていますが、大貴族でのちに太政大臣となる藤原（西園寺）実兼であることが知られています。

『とはずがたり』によれば、彼は枕元の小刀で臍の緒を切って、赤ん坊を抱っこして外へ出た。それっきり二条はその子に会うことはありませんでした。

二条が、

「女の子でさえあったのに」（〝女にてさへ、物したまひつるを〟）

と、生まれた子が女子であったがために、なおさら離ればなれになるのを惜しんだのは、この時代の娘の地位の高さを表しています。

2　男子、厨房に入りまくり

江戸後期の物語では、悪人も妻のために炊事

産前産後の妻を気遣い、手伝っていたのは女性の地位が高かった平安・鎌倉時代の貴族だけではありません。

女性の財産権や地位は往時と比べると低下して、男尊女卑の風潮の強かった江戸時代の末期、下級武士も同様の気配りをしていた可能性があります。

というのも、鶴屋南北の『東海道四谷怪談』（一八二五）の悪役で名高い民谷《たみや》伊右衛門が、産後の妻お岩のためにご飯を炊いているのです。

伊右衛門宅にたびたびものをくれる伊藤家に気乗りせぬまま礼をしに行く伊右衛門は、留守番を申し出る按摩の宅悦《たくえつ》に、

〝まだ今日は飯を炊かずにおいた。コレ手まへ、飯を炊いてくれまいか〟

と頼みます。

産後の肥立ちの悪いお岩のために、彼はふだんから飯の支度をしているのです。これ

だけだと優しい感じですが、実は伊右衛門は、お岩の父を殺している上、生まれた子に対しては、

〝よく泣く餓鬼だ〟

と口汚い。そんな伊右衛門をお岩は、

〝常から邪慳《じやけん》な（むごい）伊右衛門殿、男の子を産んだというて、さして悦ぶ様子もなう、なんぞといふと穀潰し、足手まとひな餓鬼産んでと、朝夕にあの悪口《あくこう》〟

と嘆いていました。そんな夫ですら、産後の肥立ちの悪い妻のためには家事をするという設定なのです。

もっとも伊右衛門は悪人とはいえ、お岩のことは愛していて、お岩の父にお岩と引き裂かれた時は、

〝互ひに飽きも飽かれもせぬ仲〟

と言っていたし、財産家の伊藤家の孫に横恋慕され、お岩と別れてほしいと一家をあげて頼まれても、

〝義理ある女房お岩が手前、これぱかりは気の毒ながら〟

〝イヤ〳〵、この上有徳《うとく》（金持ち）になるとても、お岩を捨てゝは世間の手前、これば

かりは出来ますまい〟

と抵抗していた。

しかし伊藤家がお岩にくれた〝血の道の薬〟が実は〝面体《めんてい》崩る、秘方の薬〟と知ると、観念して結婚を承諾してしまう。それればかりかお岩と宅悦との密通の罪を仕立てあげ、死に追いやってしまうのです。

詳細は『東海道四谷怪談』を読んで頂くなり、歌舞伎の上演を見て頂くなりするとして、要はこれほどの悪人でも産後の妻のために炊事をしている。それは、邪慳ながらもお岩を愛する伊右衛門を描くことで、お岩が醜くなったあとの彼の心変わりを際立たせる効果を狙った意図もあろうとはいえ、当時の人はそれをあり得ることと受け入れていたわけです。


ちなみにこの時代、離婚や再婚は非常に多く（→第四章1）、伊右衛門の母・お熊も、伊右衛門の実父、伊右衛門の養父の源四郎、孫兵衛と、物語から分かるだけでも三人の男と結婚しています。孫兵衛は伊右衛門に殺された小仏小平（母はお熊ではない）の父でもあり、孫兵衛もまた初婚ではないことが分かります。

3　武士も号泣……泣く男だらけの前近代

前近代の男はよく泣いていた

「男泣き」ということばがあります。

めったに泣かないはずの男が、こらえきれずに泣くという意味で、手持ちの『日本国語大辞典』（縮刷版第一版第二刷　一九八一年五月二十日）には、

「男が泣くこと。女に比べて感情の冷静な男が、堪えかねて泣くこと」

とあって、『好色二代男』（一六八四）や『日本永代蔵』（一六八八）といった井原西鶴の作品と、泉鏡花の『化銀杏《ばけいちょう》』（一八九六）の例文が挙げられています。

これを見ると、少なくとも江戸初期、貞享《じょうきょう》・元禄時代には、男はあまり泣かないものという観念ができ上がりつつあったように思えるのですが、それでも近代の男と比べると泣いていたらしきことを、民俗学者の柳田國男は指摘しています。

柳田は、男に限らず、「人が泣くといふことは、近年著しく少なくなつて居る」といい、かつて俳諧の中から、男が泣く場面を探してみたことがあるといいます。すると

「幾らでも」出てきて、「まだ元禄の頃までは」少なくとも老人はよく泣いていたといいます（ということは、『日本国語大辞典』の上げる西鶴作品は「男泣き」の初出に近いのかもしれません）。

そして、「とにかく私などの五十年間には、子供以外の者に泣かれた経験はもうよっぽどすくないのである。少しはあるけれども大抵は若い頃の出来事である」と、自分の若いころはともかく、近年は子ども以外の者が人前で泣かなくなった、と指摘します（「涕泣《ていきゅう》史談」『定本 柳田國男集』7所収）。

「涕泣史談」の初出は昭和十六（一九四一）年。このころには大人は人前ではめったに泣かなくなっていたわけです。そして柳田は明治八（一八七五）年生まれですから、彼の若いころというと一八八〇年代から一九〇〇年代くらいを指すのでしょう。つまりは明治半ばにはまだ老人の中には、人前でわんわん泣く向きが残っていたわけです。

泣くべき時に泣かないと恥ずかしい

気になるのは柳田が、

「今日の有識人（略）は、泣くといふことが一種の表現手段であつたのを、忘れか丶つて居る」

と指摘していることで、確かに平安文学などを読んでいると、人前で泣くことによって自分の意思を表明しているくだりは多々見られます。

たとえば『源氏物語』にはこんなシーンがあります。正妻の葵の上が死に、源氏が葵の上の実家である左大臣邸を退去する際、

「お泣きになる様は胸に迫る感じでいかにも心がこもっていながら、〝いとさまよく〟(見ていて快く)優美であられる」(「葵」巻)

当時は男が妻の実家に通う、通い婚が基本です。葵の上が死んだため、源氏はもう左大臣邸には通って来ない。それで左大臣邸の人々と別れを惜しんで泣いているのです。その様子がいかにも心がこもっていながら取り乱しもせず、見苦しくない。〝いとさまよく〟、実に見ていて快い様子であるというのです。

泣くべき時に適切に泣くというのは貴族のたしなみでもあったようで、『枕草子』(一〇〇〇以降)には、〝はしたなきもの〟(ばつの悪いもの)として、

「しみじみとしたことなどを人が話して涙ぐんだりする時に、なるほど実に心打たれる

などと思って聞きながら〝涙のつと出で来ぬ〟（涙がさっと出てこない）のは、本当にばつが悪い」（「はしたなきもの」段）

とあります。

平安末期の『とりかへばや』の男姿で過ごしていた妹も、

「泣くべき時には泣き、面白く冗談を言う時には笑い」（〝泣くべき折はうち泣き、をかしく言ひたはぶる、折はうち笑ひ〟）（巻二）

というキャラクターが愛されたものです。

男も女も泣くべき時に涙を見せる……それが平安時代の理想の大人だったのです。

荒くれ息子に声をあげて泣く父

平安中期の泣く男というと、現実にはこんなケースがあることを、藤原実資《さねすけ》の日記『小右記《しょうゆうき》』が伝えています。

治安元（一〇二一）年十二月二十四日、御仏名《おぶつみょう》（十二月十九日から三日間、清涼殿で行われる滅罪のための仏事だが、日がずれることもあったか）の際、中宮亮藤原兼房《ちゅうぐうのすけ》と少納言源経定が口論となって、兼房が経定の冠を打ち落とすと、経定も兼房の冠を落とした。

二人は取っ組み合いになり、経定が〝凌轢〟（侮り踏みにじること）されたので、経定の父の中納言道方は息子の命を救うよう大納言藤原能信《よしのぶ》（道長の子。母は源明子）に再三、助けを求めた。それで能信は御前の座を立って制止したものの、二人は一向に畏れ憚らない。笏《しゃく》で以て二人の肩を打つと、やっとのことで離れた。それぞれ髪は乱れ、僧侶も俗人も見て、非常に奇異の思いを持った。兼房の父中納言兼隆も、経定の父中納言道方も、〝涕泣〟（声をあげて泣き）し、イベントがまだ終わらぬうちに退出してしまったという（『小右記』治安元年十二月二十五日条）。

被害者の父ばかりか、加害者の父兼隆まで大泣きしているのを奇異に思われるかもしれませんが、実は加害者である兼房というのは札付きの暴力男だったようで、同じ『小右記』寛仁二（一〇一八）年四月には、「小倉百人一首」にもその歌が載る藤原定頼を罵倒し、追いかけていることが記されています（寛仁二年四月二日条）。

兼隆が声をあげて泣いたのは、こんな暴力息子を持った悲しさ、宮中のイベントで僧俗が注視する中、息子がこのような暴力沙汰を起こしたことの心からの情けなさがまずあったでしょう。

柳田の言う「表現手段」という観点からすると、声をあげて泣くことでそうした感情を周囲に見せ、うちひしがれた父親を演じて見せる、涙によって「誠意」を見せるということも、とくに加害者側の父の心にはあったかもしれません。

ちなみに一〇二一年当時、被害者・経定の年齢は未詳、父の道方は五十四歳。加害者・兼房は二十一歳。父の兼隆は三十七歳です。五十四と三十七の大の男が衆目の中、声をあげて泣いていたわけですから、〝いとさまよく〟泣いた源氏とは対極の見苦しさがあったに違いありません。

鎌倉武士は泣いていた

とはいえ、平安貴族が泣くというのは現代人のイメージの範疇《はんちゅう》でしょう。

しかし、平安末期、武士も声をあげて泣いていたことが北条氏による歴史書『吾妻鏡』(一三〇〇ころ) を読むと分かります。

源頼朝の妻の北条政子が長男の頼家を出産した寿永元 (一一八二) 年のこと。頼朝が亀前《かめのまえ》という女を寵愛し、伏見冠者広綱の飯島の家に滞在させた。それを、北条時政の妻の牧の方が継子に当たる政子に教えたために、激怒した政子は牧三郎宗親に命じ、広綱の家を破却して、恥辱を与えた（寿永元年十一月十日条）。

それを知った頼朝は怒りのあまり、〃手づから〃宗親の〃髻《もとどり》〃を切らせた。そして、

「御台所（政子）を重んじ申し上げることは感心なことだ。ただ、彼女のご命令に従うにしても、こうしたことをなんであらかじめ内々に告げ知らせなかったのか。それをせずにすぐさま恥辱を与えるとは、考え無しの奇怪な企てだ」

頼朝にこう言われると、

〃宗親泣きて逃亡す〃（同十一月十二日条）

ということになり、それを知った政子の父時政は、頼朝の仕打ちを不快として伊豆に退去してしまいます（同十一月十四日条）。

政子が夫の愛人のいた家を打ち壊させたことは有名な話ですが、政子と頼朝の板挟みにあう形で、頼朝に髻を切られるという屈辱を受けた牧宗親は泣いて逃亡したというんです。それを受けて、今度は時政が伊豆に退去するという騒ぎになる。

牧宗親は牧の方の兄弟です（『吾妻鏡』建久二年十一月十二日条）。

時政にしてみれば、娘政子の命令を忠実に果たした、妻の兄弟が、武士の命である髻

を切られたのですから、頼朝に対して怒るのは当然です。

それにしても泣いた宗親が当時、何歳であったかは不明ですが、いい大人に違いありません。そんな大人の武士が、「うわぁぁああん」と泣いて逃げ出す様を想像すると、ちょっと可笑しい気持ちもするものの、これもまた頼朝に対する感情の「表現手段」、髻を切られた悲しみと怒り、頼朝を怒らせたことへの申し訳なさなどがないまぜとなった〝泣き〟であったのかもしれません。

戦国武将も泣いていた

このように古代・中世の男たちは泣いていた。

泣くことで自己を表現してさえいたのです。

前近代、泣くというのは、今以上の意味があったわけです。

それで思い出すのは、戦国武将の逸話を収めた『常山紀談』（江戸中期）です。

上杉輝虎（謙信）が石坂検校に『平家物語』を語らせ、その「鵺《ぬえ》」の段で〝しきりに落涙〟したとあります。また佐野城主天徳寺（佐野房綱）も琵琶法師に語らせた時に、〝あはれなる事〟を聞きたいと言って「那須与一」の段等に〝雨雫と涙をながして泣〟

くのです（巻之二）。

ラフカディオ・ハーンの『怪談』に収められた「耳なし芳一のはなし」でも、平家の怨霊は「それがいちばん、哀れの深いところ」（田代三千稔訳）という理由で「壇浦合戦」を所望して激しく泣いたものです。これは『平家物語』が非業の死を遂げた人たちを鎮魂するための物語であるからで、泣くことが死者への共感の意を表す最大の作法だからなのです。

泣くという手段で死者に同情と共感を寄せることで死者の魂は鎮まって、聞き手の心もカラダもすっきり、「明日も頑張ろう」という気持ちになるわけです。

上杉謙信や佐野房綱はそのことを重々承知していたからこそ、『平家物語』の語りに思いきり涙を流し、あえて泣ける箇所を所望した。それは鎮魂される側の平家の怨霊も同様で、怨霊たちの無念や口惜しさに、聞く側は涙で応酬、いわば泣くことで怨霊とコミュニケーションする。

泣くことは心を安定させる一種の治療法であり、心のデトックスでもあります。

泣くということは、このようにさまざまな働きや効能がある。それを手放した近代人の心には、何か大きなツケがきているようにも思ってしまいます。

4　メイクは男のたしなみ

太古、男も紅を付けていた

前近代の日本は意外にジェンダーレスな部分があったということで、真っ先に心に浮かぶのは、男の化粧です。

古代人は、頬から目のあたりに紅を付けており、「この紅化粧は女子ばかりとは限らず、男子の埴輪にも見られるところから、男子もこれを行なったものであろう」（久下司『化粧』）といいます。

古代の化粧の目的は現代と同じではなく、何か魔除け的な意図があったとしても、紅に関してはジェンダーレスだったのです。

平安末期は武士も化粧

〝化粧〟という語には身支度という意味もあり、『源氏物語』の男の化粧はそっちの意味合いの印象が強いのですが、『平家物語』には、正真正銘、男の化粧が出てきます。

有名な「敦盛最期《あつもりさいご》」の段です。

源氏方の熊谷次郎直実《くまがえのじろうなおざね》が、

「ああ良さげな大将軍と取っ組みたい」

と、手柄目当てに高貴な平家の公達《きんだち》を探していると、豪華な武具に身を包み、立派な馬に乗った武者が一騎、沖の舟をめがけて海に馬をざっと打ち入れて、泳がせているではありませんか。

「あなたは、大将軍とお見受け致した。卑怯にも敵に後ろをお見せになるのか。引き返しなされ」

と扇で招くと、その武者は素直にも引き返してきます。波打ち際に上がろうとするところに馬を並べてむずと組み、どうと落ちたのを取って押さえて、首を斬ろうと甲《かぶと》を押し上げて見ると、

〝年十六七ばかりなるが、薄化粧して、かね黒《ぐろ》なり〟

年は十六、七で、薄化粧してお歯黒を付けている。間違いなく高貴な公達です。我が子と同じ年齢くらいで、

〝容顔《ようがん》まことに美麗《びれい》なり〟

物凄い美少年でした。

どこに刀を刺していいのか分からなくなった直実は助けようとしますが、後ろを見ると源氏方の味方が駆けてくる。直実は涙ながらに、

「人手にかけ申すより、同じことなら直実の手にかけ参らせて、後のご供養を致します」

「さっさと首を取れ」

となるものの、なおどこに刀を刺していいものか、目の前が真っ暗になり心も消え果てて、前後不覚な気持ちになりながら、〝泣く〳〵〟首を取ったのでした。

ここでも武将、泣いてます。

そして直実はこれを機に出家してしまいます。

殺された美少年・敦盛は、清盛の弟・経盛の子で、腰には笛を差していました。

「〝上臈《じやうらふ》〟(高貴な人)はやはり優雅なものだ」

と、それを見た敵の源氏方も、

〝涙をながさずといふ事なし〟

と、涙々の武将たちでした。

お歯黒で見分けた平家の公達

平安末期、このように高貴な武将は化粧やお歯黒をしていたのですが、「敦盛最期」より少し前の段「忠度《ただのり》最期」によれば、源氏は、平家の公達をお歯黒で見分けていたことが分かります。

清盛の弟の忠度は一ノ谷の西の陣の大将軍でしたが、源氏方百騎ばかりに取り囲まれた時、少しも騒がず、時々馬を止めながら逃げていたのを、源氏方の一人が大将軍だと目をつけて、

「いかなるお方でおいででしょうか。名乗らせ給え」

と尋ねたところ、

「私は味方だ」

と、忠度は源氏のふりをします、ところが……その振り仰いだ甲の内側を見ると〝かね黒〟、お歯黒を付けていた。

「ああ味方にはお歯黒を付けている人はいないのに。平家の公達でいらっしゃるに違いない」

そう思った源氏方は忠度と組み合って、首を討ったのでした。

ここから分かるのは平安末期、同じ武将でも、源氏方にはお歯黒をした者はいなかったこと。

平家の公達は都の貴族風にお歯黒をしていたのです。

そのせいで、忠度は首を討たれてしまったわけです。

戦国時代、首級に化粧することで手柄を上乗せ

平安末期は上級武士といっても、源氏方は少なくともお歯黒はしていなかったのですが、戦国時代になると、上級武士はお歯黒を付けていたことが『おあむ物語』からうかがえます。『おあむ物語』は、石田三成に仕えていた山田去暦という者の娘が年老いてから語った話を、当時八、九歳の子どもだった爺が思い出して記したもの。

それによると、慶長五（一六〇〇）年の関ヶ原の戦いで、おあん（む）は父について身重の母らと共に、三成方の大垣城にいた。この時、家中《かちゅう》の妻や娘たちは、天守にいて鉄砲玉を鋳《い》たり、集められた敵方の首に〝札《ふだ》〟を付けたり、〝おはぐろ〟を付けたりといった仕事をしていた。なぜかというと、

「昔はお歯黒首は高貴な人というので珍重された。それで白歯《しらは》の首は『お歯黒を付けて下さい』と頼まれたのじゃが、首も怖いものではなく、たくさんの首の血なまぐさい中で寝たことじゃった」

と、おあん婆さん。

ここには戦国時代の生の声があります。

戦国武将も高貴な人はお歯黒を付けていた。

それで、討ち取った首が白い歯の身分の低い者であった場合、お歯黒を付けて高貴な人のように仕立てて、上司に差し出したというわけです。

ちょっとした改竄《かいざん》、手柄の底上げといった感じでしょうか。

ただ、この話はあくまでおあん婆さんの子ども時代……関ヶ原の合戦のころのことです。

物語が書き記されたのは、このおあん婆さんの話を聞き覚えていた子がさらに爺になってからのことで、〝正徳の頃〟です。

つまり一六〇〇年の関ヶ原の合戦時には、上級武士はお歯黒をしていたものの、正徳のころ（一七一一〜一六）になると、お歯黒をする武士もいなくなり、お歯黒首が珍重されるというのはすでに昔話となっていたのです。

明治期、禁じられた男の化粧

久下司によると、足利時代つまり室町時代には、公卿はもちろん、将軍も武士も、上流階級の人々は男もお歯黒がしきりに行われていました。それが江戸時代になると、「歯黒めの風は殆んど女子のみに限られ」（久下氏前掲書）ますが、公卿がお歯黒を付けたり、眉を作ったりすることは、江戸時代も末まで続いていたのでしょう。というのも明治期、「男子が点眉することは涅歯《でっし》とともに廃せられ、婦女子でもまた眉を画くものはしだいに減少した」（久下氏前掲書）

逆にいうと明治期までは、婦女子はもちろん、男でも涅歯（お歯黒）や眉作りをする者はいたということです。

それが、「欧米より伝わる新風俗の滲透により」その風習は日に日に薄れ、「老年の婦女子のほかは歯を染める者はなくなってしまったのである」（久下氏前掲書）といいます。

欧米というとレディファーストのイメージが強く、確かに明治期、日本よりは欧米のほうが女性の地位は高かったでしょう。

女性の参政権の導入も欧米のほうが早かったのです。

が、見てきたように、戦国時代に来日したヨーロッパ人は、日本女性が離婚・再婚をしても名誉を失わないこと（↓第四章1）のほか、私有財産があったり（ルイス・フロイス／岡田章雄訳注『ヨーロッパ文化と日本文化』第2章）、夫の許可を得なければ外出できないヨーロッパの妻と異なって日本の妻は自由に好きなところへ行けたり、文字の書けない者の多いヨーロッパ女性に対し、日本の高貴な女性は文字を書くことができなければ価値が下がったり、男と同じ馬の乗り方をしたり、祭の時などは女性も酔っ払うまで酒を飲んだりすること（同前）に驚いています。

男の化粧や容姿を気にする様も指摘していて、

「われわれの間では女性だけが化粧品と白粉を使用する。日本の上流社会では十歳までの少年が外出する時に、同様に化粧品を使う」（同第3章）

「われわれの間では、貴族が鏡を見ていれば柔弱な行為と考えられる。日本人の貴族は衣服を着るために、誰でも鏡を前に置くのが普通である」（同第1章）

衣服に関しても、

「男の衣服は、われわれの間では女には用いることができない。日本の着物 qimões と帷子 catabiras は男にも女にもひとしく用いられる」（同前）

と、日本人の風俗における性差の小ささを指摘しています。

戦国時代には、日本女性のほうがヨーロッパ女性より地位が高く、ジェンダーレス社会だったのです。

公卿の世界に残っていた化粧は、そうした時代の名残ともいえ、それが近代化と共に失われていった形でしょうか。

5　戦う女……実在の女武将・坂額御前、大将軍・巴

〝百発百中の芸ほとほと父兄に越ゆるなり〟と記録された坂額御前

ジェンダーレスということでいうと、最近、話題にのぼりがちなのが、女性の徴兵制です。

その是非はともかく、日本にも昔は戦う女がいました。

『古事記』『日本書紀』に描かれるアマテラスや神功皇后が武装して敵と対峙《たいじ》したのは有名な話です。

ただこれは、たとえ当時の現実を反映しているとしても、あくまで神話。神功皇后の実在性には疑問が呈されていることではあり、史実として見るには危険があります。

その伝でいうと、百済が新羅に攻められた際、援軍を求められた斉明天皇が、六六一年、西征の海路についたのは（『日本書紀』斉明天皇七年春正月六日条）、女帝自ら戦闘に参加しようということで、戦う女といえるのではないか。もっとも天皇はこの年の七月、九州の朝倉宮で崩御しているので、戦地には赴かなかったわけですが……。

実は平安末期から鎌倉時代にかけては、「リアル戦う女武将」が実在しました。有名なのが、『吾妻鏡』に記録される坂額御前《はんがくごぜん》です。

坂額御前は、越後平氏の一族である城長茂《じょうながもち》の妹でしたが、平家滅亡後の建仁元（一二〇一）年、長茂が京で御家人の小山朝政《おやまともまさ》を襲撃、長茂は誅殺《ちゅうさつ》されるものの、今度は越後本国にいる長茂の甥の資盛《すけもり》が反旗を翻します。その時、奮戦したのが資盛の〝姨母《をば》〟に当たる坂額でした。合戦が長時間に及び、味方や郎従等も命を落としたり傷を受けたりする中、坂額は、

〝女姓《ママ》の身たりといへども、百発百中の芸ほとほと父兄に越ゆるなり〟

という強者《つわもの》ぶりを発揮します。この合戦の日には、とくに兵略を施し、童形《どうぎょう》のごとくに髪を上げ、腹巻（甲冑《かっちゅう》の一種）を着け、櫓《やぐら》の上にいて、襲いかかる敵を射ると、

〝これに中《あた》る者死せずといふことなし〟

という抜群の働きでした。

ところが信濃国の住人・藤沢四郎清親が、城の後ろの山に回り、高所からよく狙いを定めて矢を放ったところ、その矢が坂額の左右の股を射通します。そして倒れたところ

を清親の郎等に生け捕りにされてしまう。　彼女の負傷後、甥の資盛は敗北。　傷がまだ完全に癒えていない坂額が、清親に助けられながら二代将軍頼家のもとに参上すると、御家人たちが群参して〝市を成す〟という状態になります。高名な女武者を見に来たわけです。

坂額は、畠山重忠、小山朝政、和田義盛、比企能員《ひきよしかず》、三浦義村といった主要な御家人たちが侍所に居並ぶ座の中央を通り、

〝いささかも諛《へつら》ふ気なし〟

少しもへつらう気配がなかった。およそ〝勇力の丈夫〟（勇ましく屈強な男）と比べても恥ずかしくない風情でした。

そんな坂額を、阿佐利（浅利）与一義遠が所望します。

結婚して強い男子を生んで、朝廷を護《まも》り、武家をお助けしたいというのです。頼家は、

「この女は面貌は美しいとはいえ、心が猛々しいことを思うと、誰が愛せるものか。それなのに義遠の考えはまったく人間離れしている」

と、しきりに〝嘲哢〟（あざけり馬鹿にし）ながらも、結局許可して、義遠は坂額を得て甲斐国に下向したのでした（『吾妻鏡』建仁元年五月十四日条、六月二十八日条、六月二十

九日条)。

『平家物語』『源平盛衰記』に描かれた〝大将〟巴

城氏における坂額御前の戦力の重要性、女であっても実力さえあれば武将としての役割を担うことができる当時の地方の武家の実態を浮き彫りにすると共に、そうした女に期待されるのは結局、「強い男子を生むこと」であるという男優位の論理も透けて見えるエピソードです。

時代は坂額御前よりやや遡りますが、平家打倒に貢献しながら、源頼朝の命を受けた義経によって滅ぼされた源(木曽)義仲も、『平家物語』やその異本の『源平盛衰記』(南北朝時代ころ)によれば、巴《ともえ》という屈強な女武者を従えていました。『源平盛衰記』によると、巴は義仲にとっては乳母子《めのとご》に当たり、義仲の妾でもありました(巻第三十五「巴関東下向の事」)。

『平家物語』では、〝いろ白く髪ながく、容顔まことにすぐれたり〟という美女です。のみならず、

〝ありがたき強弓精兵《つよゆみせいびやう》〟（めったにいない強弓を引く精鋭）で、刀を持っては鬼でも神でも相手をしようという、〝一人当千《いちにんたうぜん》の兵者《つはもの》〟

しかも荒馬乗りの達人で、険しい難所も駆け降りることができる。

義仲は、戦となるとこの巴に堅固な鎧《よろい》を着せ、大太刀・強弓を持たせ、まず〝一方《いつぱう》の大将〟として差し向けていました。

戦果は抜群、たびたびの手柄は〝肩をならぶる者なし〟というほどなので、義経との戦でも、多くの者どもが逃げ落ち、あるいは討たれる中で、残り七騎になるまで巴は討たれません。さらに残り五騎になっても巴は討たれない。ところがここにきて義仲は、

〝おのれは、とう〳〵、女なれば、いづちへもゆけ〟（お前はさっさと、女なのだから、どこへでも落ち延びよ）

と言い出します。

「木曽殿が最後の戦に女を連れていたなどと言われることは不都合だ」（〝木曽殿の最後のいくさに、女を具せられたりけりなゝど、いはれん事もしかるべからず〟）

というのです。それでも落ちない巴でしたが、あまりに言われるので、

〝あっぱれ、よからうかたきがな。最後のいくさして見せ奉らん〟

そう言って、武蔵国に聞こえた怪力の御田《おんだ》の八郎師重《もろしげ》が三十騎ばかりでやって来たところへ駆け入り、八郎に馬を並べて、〝むず〟とつかんで引きずり落とし、自分の乗っている鞍《くら》の前輪に押しつけて少しも身動きできぬようにして、

〝頸ねぢきッてすててンげり〟

八郎の頸《くび》をねじ切って捨ててしまった。そののち武具を脱ぎ捨てて東国のほうへ落ちて行ったのでした（巻第九「木曽最期」）。

「女だから」という発想

義仲が、たびたびの戦で巴を大将にしながら、最後の戦に女を伴うのは恥と言っているのは矛盾するところで、これは『平家物語』の成立年代や成立過程に関わる問題なのではないか。

『平家物語』の原形は源平の争乱直後にできたといわれるものの、語られていくうち改編され、最後に「灌頂巻《かんじょうのまき》」が付け加えられたとされています（詳しくは拙著『女嫌いの平家物語』をご参照下さい）。時代が下るにつれ、女将軍という存在自体が珍しいものの

になっていく過程で、こうした矛盾が生じたのでは……そんなふうに私は感じています。

戦の語り部としての女

『源平盛衰記』でも、義仲は巴を落ち延びさせますが、その理由として、

「とっとと落ち延びて信濃へ下り、この有様を人々に語ってくれ」

と言っているのは『平家物語』と異なる点です。

信濃は義仲の故郷。その故郷の人々に、義仲の有様を語ってくれというのです。

女が戦の語り部となることは、キリスト教宣教師のルイス・フロイスが、インド管区長のアレッサンドロ・バリニャーノに宛てた書簡で、豊臣秀吉に敗れた柴田勝家が最期の様を、「談話が巧妙で身分のある老女を選び」目撃させた上、敵に語らせたと書き残していることからも明らかです（村上直次郎訳『イエズス会日本年報』上。詳細は拙著『くそじじいとくそばばあの日本史』で紹介しました）。巴の場合は少し事情が違うものの、義仲が彼女を語り部として生かしておこうとしたという設定は、こうした慣習が戦国時代以前からあって、それが物語にも反映されているのではないか。そんなふうに思います。

もっとも『源平盛衰記』では、信濃に下った巴は頼朝に呼ばれて鎌倉に参上、「あの

ような者の種を継がせたい」と考えた和田義盛がもらい受け、朝比奈三郎義秀を生ませ、北条氏に和田氏が滅ぼされた和田合戦で義秀が死んだあとも巴は生き延びて九十一で死んだとあり（巻第三十五）、年代的な矛盾もあって、明らかに作り話になっています。

このくだり、先に紹介した、巴より少しあとの時代の坂額のエピソードとそっくりで、その話が載る『吾妻鏡』の成立は一三〇〇年ころですから、それに影響を受けた可能性が高いのではないか。

だとすると、『源平盛衰記』の少なくとも巴のくだりは、『吾妻鏡』成立以降にできたのかもしれません。

男女で差のなかった馬の乗り方

『平家物語』と『源平盛衰記』では描かれ方に微妙に差のある巴ですが、共通するのは彼女が荒馬乗りの名手であった点です。

当時は女も馬を乗りこなし、中には名手もいたのでしょう。

前節末尾でも少し触れたように、戦国時代に来日したキリスト教宣教師のフロイスは、「ヨーロッパの女性は横鞍または腰掛に騎っていく。日本の女性は男性と同じ方法で馬に乗る」（『ヨーロッパ文化と日本文化』第2章）と指摘しています。

日本の女性は戦国時代に至っても、男と同じく、足を開いて馬にまたがっていた。

『石山寺縁起』第三巻より（国会図書館デジタルコレクション）

鎌倉時代末に描かれた『石山寺縁起』には、平安中期の菅原孝標《すがわらのたかすえ》の娘の一行が描かれているのですが、そこには市女笠《いちめがさ》をかぶり、馬の手綱を持って馬にまたがる侍女が描かれています。

〝一方の大将〟にという淀殿の覚悟

こんなふうに、平安・鎌倉時代になるまで女武将というのがいて、また戦国時代に至るまで女も男と同じように馬にまたがっていたわけです。

が、こと女武将に限って見ると、巴や坂額御前のような〝剛の者〟は、室町時代以降、姿を消してしまいます。

けれど、女武将も有りだという発想自体は室町末期、戦国時代になっても残っていたのではないか。

というのも、大坂冬の陣（一六一四年十月）の直後に書かれたとされる『大坂物語《おざか(ママ)》』上巻（下巻は一六一五年四月の夏の陣以後、書かれた）には、

〝我は女なり共、所存は男に劣るべきか。自然の時（いざという時）は具足、甲を着《き》、一方の大将にもなるべし〟

という淀殿のセリフがあるのです。

これって『平家物語』の巴の描写とそっくり。巴もまた、戦といえば〝一方の大将〟として差し向けられたと描かれたものです。

実際には淀殿が甲冑をつけたり、大将として戦ったりすることはなく、大坂夏の陣で自害したわけですが、淀殿には、いざという時は巴や坂額のような女大将となろうという気持ちがあった、もしくは彼女にそういう気持ちがあったと同時代の人に信じられていたというのは興味深いものがあります。

第七章

軽んじられた弱者の「性」と「生」

ネグレクトや子殺し、性虐待の多さも

1　大貴族の妻に母性は不要？

良いことばかりじゃなかった前近代

ここまで読んできた人は、古代の女性の地位は高かったんだなぁ、家土地が娘に伝領されることも多いし、戦国時代に至っても離婚・再婚が比較的自由で、性観念もおおらかで処女性も重視されないし、性も多様性が認められていた感じだし、現代よりいいじゃないか、と思う人もいるかもしれません。

確かにそういう一面も、時代によって、身分によって、人によっては、あったでしょう。

が、「諸刃の剣」ということばがあるように、良いことの裏には、必ずデメリットもついて回ります。

女の地位が高い、経済力が高いということは、逆に女に経済力が求められているということでもあり、貧乏女は結婚できない、捨てられることもありました（↓第二章2）。

結婚制度がゆるいだけに別れも簡単なわけです。

また、性の多様性も決して大手を振って認められていたわけではありません（→第五章2、3、4）。

離婚・再婚が多いということは、シングルマザーが多いということで、実家に金があればともかく、そうでない人は大変な苦労をしたし（→第三章4）、娘を天皇家に入内させて生まれた皇子を皇位につけて一族が繁栄するがゆえに、娘の地位が高かった平安時代の貴族にしても、娘はそれだけプレッシャーも強く、その後の子育ては乳母任せになって、子への対応も現代人から見ると驚くようなものであった可能性も平安文学を読むと感じられます。

プレッシャーに苦しむ『落窪物語』継母の実子

継子いじめで有名な『落窪物語』にもそうした娘のプレッシャーが描かれています。継母はヒロインに〝落窪の君〟という屈辱的なあだ名をつけて召使にも呼ばせ、家族のレジャーには参加させない、寒い冬もろくに服も着せず、家族の縫い物を押しつけるなどの虐待を行っていました。ところが、自分の押しつけた縫い物を貴公子が手伝っているのを覗き見るや、夫（ヒロインにとっては実の父）には、「落窪の君は、二十歳そこそこの身長はたった一寸の男を通わせている」と嘘をつき、

「そんな娘はこの北の部屋に閉じ込めておけ。ものも食わせるな。責め殺してしまえ」

（〝この北の部屋に籠めてよ。物なくれそ。しをり殺してよ〟）

という夫のことばをこれ幸いに、ヒロインを監禁して六十歳ほどの貧乏医師である自分の老叔父に犯させようとします（↓第六章1）。

今から見ると間違いなく犯罪レベルの虐待を繰り返す継母は、実の娘たちのことは大切にして、その婿の世話も焼いていたのですが……貴公子はヒロインを救助後、継母への報復として、継母の可愛がる四女に自分が通うふりをして、社交界でバカにされていた親族を通わせます。

そのことが、新婚三日目、妻方で行われる露顕《ところあらわし》という祝宴（当時の結婚は、男が女方に通って三日目に成立し、この時、妻方で祝宴をしました）で継母方に分かってしまうのです。

継母も四女も気づいた折は時遅し。

すでに妊娠していたのです。その時、継母は言います。

「なんとか子を生ませたいと思っている少将の子はできなくて、このバカ者のタネが広がること」（〝いかで子生ませむと思ふ、少将の君の子は出《い》で来《こ》で、この痴者《しれもの》のひろごること〟）（巻之二）

継母の言う〝少将〟とは、四女と同じく継母の実の娘である三女の婿ですが、彼はのちに四女のバカ婿と相婿《あいむこ》でいることに嫌気が差して、三女と離婚してしまいます。妻方に通い婚するのが基本の当時、相婿は兄弟よりも絆《きずな》が深い場合もありますから、少将としては耐えられなかったのです。

しかも、ヒロインを継母と一緒になって追いつめていた実の父は、出世したヒロインのもとで饗応を受け、帰宅後、ヒロインの暮らしがいかに素晴らしいか、酔っ払って話している。それを寝ながら聞いていた三女と四女は、

「父上や母上のお気持ちを思うと恥ずかしいわ。いっそ尼にでもなってしまいたい」

「ほんとに親がどう思うかが恥ずかしい。私たちの宿運がこんなに情けないものとも知らず、母上が落窪の君と分け隔てして大事にしてくれたのに、世間の人もどんなに思い合わせることか」

と嘆きます（巻之三）。

実の娘たちは、母が自分たちに期待をかけて大事にしてくれていた分、それを裏切る形になった現状を、親や世間に顔向けできぬ、と恥じているのです。

詳細は拙著『毒親の日本史』でも紹介し、継子をいじめる親は実子にとっても毒親であると書いたものですが、『落窪物語』の話はフィクションですから極端であるにしても、平安貴族の娘は、親に大事にかしずかれていた分、期待に応えられないと罪悪感を覚えて苦しむということはあったに違いありません。

入内した娘が東宮や天皇に愛され、皇子を生めれば良いですが、愛されなかったり皇子を生めなかったりすると、その風当たりは強い。

現実にも、一条天皇の女御だった藤原元子は、天皇に愛され妊娠して里帰りするものの、腹から出てきたのは赤子ではなく水だけだったので、父の顕光大臣は膝を抱えて空を仰ぎ、元子本人も〝あさましう恥づかしう〟もう内裏に参内するなどとても考えられない、という気持ちになっています（『栄花物語』巻第五）。

元子は一条天皇の死後、村上天皇の孫の源頼定を通わせたこともあって、父との関係がこじれ、いったん譲られた堀河院という屋敷を、父は元子の妹の延子に譲ってしまう。

それで元子と延子の姉妹仲も険悪となってしまいます(同巻第十四)。

大事にされていたように見える平安貴族の娘も、親の期待通りにいかない時は、地獄が待っていたわけです。

我が子を汚がる『うつほ物語』のネグレクト皇女

娘が政治の道具、家を繁栄させるカナメとなっていた平安中期、大貴族の妻女に求められていたのは、優秀な娘の出産でした。運良く希望通りの娘が生まれれば、あとはいかに男に愛される女性に育てるか、『古今和歌集』を覚え、和歌を詠み、美しい文字を書き、美しい髪や肌にととのえるべく周囲がお膳立てをする……。

そんなふうに育てられるせいでしょうか、『うつほ物語』には、生まれた我が子を「汚い」と言って見向きもしない皇女が登場します。それも悪役ではなく、仲忠という物語の男主人公に愛される正妻として、夫にフォローされる様が、一種、微笑ましい感じで描かれているのです。

妻の女一の宮が待望の娘を生むと、夫の仲忠は参内もろくにせず、出歩きもしないで、女一の宮と生まれた娘を抱きいつくしんでいました。ところが娘がおしっこをしたので、

妻に、

「抱っこして下さい」

と差し出したところ、妻は、

「まぁ汚い」（〝あなむつかし〟）

と言って後ろを向いてしまった。仲忠は、

「当てにならない親だなぁ」

と、お産の手助けをしていた六十歳の典侍《ないしのすけ》に娘を抱かせて、濡れた着物を拭う。妻は
といえば、

「どんなににおいが臭いことでしょう。ああ面倒な」（〝いかに香臭《か》からむ。あなむつかし
や〟）

と機嫌を損ねてしまう（「蔵開　上」巻）。

〝むつかし〟とは、不快でうっとうしい、煩わしい、面倒である、気味が悪い、汚い、
むさ苦しい、の意です。

女一の宮は、腹を痛めた我が子とはいえ、乳児の汚さをうっとうしがり、その後も、

〝火水に入れども、宮（女一の宮）は見も入れたまはず〟（「国譲　下」巻）

〝憎み汚《きたな》がる〟（同）

といった始末。

そんな女一の宮も難産の末（ちなみにその時は娘のお産を全部手伝ったと称する母方祖父が女一の宮のお産を助けています→第六章1）生んだ息子のことは「なんで憎いはずがある」と、一度目の娘の時よりは受け入れ態勢になっている。

一方の夫・仲忠は、待望の娘が誕生した時は大喜びで抱っこして可愛がっていたのに、この息子のほうは、

「ああうっとうしい。早く向こうへ追いやれ。（女一の宮を苦しめた）恐ろしい奴だ」（〝あなむくつけ。はや追ひやれ。いと恐ろしき者なり〟）

と、妻を難産により瀕死の目にあわせたこともあって、見向きもしません。

二度目のお産で母性に目覚めた妻と、妻大事、政治のコマになる娘大事の夫との対比が見事に描かれているのです。

子を見殺しにして褒められた『今昔物語集』の母

平安時代、母性というのはあまり重要視されなかったのか、平安末期の『今昔物語

集』では、山で〝乞匃《こつがい》〟（物乞い）二人に犯されそうになった女が、

「今朝からお腹をひどくこわしていて、あちらで用を足したいのです。しばらく放してくださいますか」

と言って、

「この子を質に置きましょう。この子は我が身にもまして大事に思う子です」

と、背負っていた子を置いて走りに走って逃げてしまいます。

そして弓矢を背負った武者四、五人に行き会った。事情を聞いた武者たちが女に教えられた通りに山に入ってみたところ、子どもが二つ三つに引き裂かれ、乞匃どもは逃げたあとだった。致し方なく戻った武者たちは、女が、子はかわいいものの、乞匃には身を任すまいと思って、子を捨てて逃げたことを、〝讃《ほ》め感じける〟（褒め称えた）と言い、

「下賤な者の中にも、このように恥を知る者はいるのだ」（〝下衆の中にも此く恥を知る者の有也けり〟）

と、語り手は締めくくっています（巻第二十九第二十九）。

この話について服藤早苗は、「子どもを犠牲にしてでも身を守った女性の行為が、王

朝社会においては、高く評価されたことに注目したい」として、「もう一つ注目しておきたいのは、母と子の関係である。子どもを犠牲にしても評価されるということは、子どもは母親のものであり、親に従属するものであるから、子どもの生殺与奪の権が、親に握られていたとも読みとれる。王朝社会の子どもの悲劇はここにあったのではないだろうか」(『平安朝の母と子　貴族と庶民の家族生活史』)と指摘しています。

性観念が自由とはいっても、強姦はイヤに決まってます。

しかも乞匃に身を任せることは、強固な身分社会の当時、武者たちの言うように著しい〝恥〟に違いありません。

女はどうしても乞匃に犯されたくなかった。だとしても、可愛い子を残して逃げるというのは苦渋の選択です。その選択をした女を、武者や編者が褒めたのは、服藤氏の指摘するように、子が「親に従属する」、親の所有物と考えられていたからに違いありません。

もしも現代なら、「自分可愛さに子を見殺しにした非情な母」として非難囂々《ごうごう》でしょう。

それもまた息が詰まる感じですが、平安時代の貴族にも同様に「子は親の所有物」という感覚が見られ、政治の道具として大事にするという姿勢と表裏一体の、期待外れの子への冷淡な仕打ちを思うと、戦国時代の政略結婚といい、子が親の所有物とされる前近代の弊害に思いを馳《は》せざるを得ません。

事は王朝社会だけでなく、前近代の子ども観という問題に関わってくるのです。

2　子殺しだらけの前近代

宣教師が驚いた子殺しの多さ

室町末期から安土桃山時代、つまりは戦国期にヨーロッパから日本を訪れたキリスト教宣教師たちは、日本人の性道徳のゆるさや貴婦人が文字を書けること、妻の自由さなどに驚愕したものです（↓第四章1、第五章1、第六章4）。

同時に、日本の子どもが母親によって簡単に殺されることにも驚いています。

「ヨーロッパでは嬰児が生まれてから殺されるということは滅多に、というよりほとんど全くない。日本の女性は、育てていくことができないと思うと、みんな喉の上に足をのせて殺してしまう」（ルイス・フロイス／岡田章雄訳注『ヨーロッパ文化と日本文化』第2章）

江戸時代、間引きが盛んに行われていたのは有名な話ですが、戦国時代も同様だったのです。

平安時代から記録されている子殺し・堕胎術

子殺しは平安時代から行われていました。

後三条天皇の護持僧だった成尊《せいぞん》僧都は、東寺の長者（長官）であった仁海《にんかい》僧正の弟子でしたが、鎌倉初期の説話集『古事談』によると、実は仁海僧正の子でもあるといいます。ある女房が僧正と〝密通〟、妊娠して男子が生まれた。

「この子が成長すれば、このことが発覚してしまう」

と考えた母は、水銀を嬰児にのませて殺そうとした。ところがその子の命は助かった。しかし水銀のせいで性器の発達が完全ではなかった。その子が成尊僧都で、そのため彼は、

〝男女において一生不犯の人なり〟

男とも女とも一生涯、セックスすることがなかったといいます（巻第三）。

中絶を試みる母親もいました。

書写山円教寺の開基であり、歌人の和泉式部を導いたことでも有名な性空上人《しょうくうしょうにん》は、母が〝堕胎之術〟を求め、〝毒薬〟を服用したが効果がなくて誕生した子であるといい

ます（『性空上人伝』）。

母はそれまでのお産が難産だったため、ひそかに中絶しようとしたものの、失敗したわけです。

中絶のための薬というのは早くから発達を遂げていたようで、初めて日本にキリスト教を伝えたフランシスコ・ザビエルは、

「ボンズ（大塚注　坊主）たちのうちには、修道者のような装いをし、褐色の衣を着て、頭もあごひげも三日か四日ごとに剃っていると思われる人たちがいます。彼らは思いのままに生活し、同じ宗派の尼僧（比丘尼《びくに》）とともに生活しています。一般の人たちは〔ボンズたちのこの生活を〕非常に汚らわしいと考え、尼僧たちとの親しい交わりを悪いものと考えています。世俗の人たちの言うところでは、尼僧たちの誰かが妊娠したと気づくと、すぐに堕胎するために薬を飲んで処置するとのことで、これは周知のことです」（『聖フランシスコ・ザビエル全書簡』3。（　）〔　〕は引用ママ）

「寺院の中には大勢の女性がおります。ボンズは寺院の畑で働く下男の妻だと言っています。一般の人たちはこれをよくないことと判断して、たいへん悪い交際《つきあい》であると思っています（略）ボンザ（大塚注　尼）が妊娠しないように食べる薬草と、妊娠してしま

った場合にすぐ堕胎するために食べる薬草があるのだと、普通すべての人が言っています」(同前)

と報告しています。

キリスト教宣教師なので、僧尼への悪意もあるでしょうが、鎌倉時代の『古今著聞集《ここんちょもんじゅう》』には女装して好きな尼に近づく坊さんの話、室町末期～江戸初期の御伽草子には『おようの尼』といった僧尼のセックス話、江戸初期の笑い話『きのふはけふの物語』にも比叡山の僧が檀家をだましてその娘二人を犯す話、西鶴の『好色一代女』にも僧侶が〝お大黒〟(隠し妻)を持つ話、その他、古典文学の中の僧尼の破戒譚は枚挙にいとまがないことからしても、事実を反映しているでしょう。

また、男色に関しては一般人も「なぜ悪い?」という態度であると書いていたザビエルが、僧侶が寺院に女を住まわせ、妊娠させていることに関しては一般人も〝悪〟と見なしていると書いていることからしても、世間に実際そうした声があったのではないでしょうか。

江戸川柳に見られる中絶薬

平安時代はもちろん、戦国時代には相当の発達を遂げていたと思しき中絶薬、江戸時代には「中条（中條）流」として川柳にも多く詠まれています。

『誹風末摘花』（『浮世絵・川柳　末摘花』）には、

〝仲條でちび〳〵おろす陰間の子〟

〝中條へ行くに褌下女ねだり〟

など、中条流で、陰間とセックスしてできた子をおろしたり、妊娠させた下女が子をおろすというのでおねだりされたりといった句が詠まれています。

陰間とは男娼のことで、相手は男が主でしたが、女を相手にすることもあって、この場合、それで妊娠してしまったわけです。

「子は親の所有物」という価値観

早めに断っておくと、私は中絶が悪いと言いたいわけではありません。

「子は親の所有物」という価値観ゆえの前近代の子の命の軽さを問題にしたいのです。

知られるように、幕末や明治期に来日した西洋人は、日本を「子供の楽園」（オールコック／山口光朔訳『大君の都——幕末日本滞在記』第三章）とか「子供の国」（エセル・ハワード／島津久大訳『明治日本見聞録——英国家庭教師婦人の回想』第二十章）などと称えています。再三紹介している戦国時代に来日したキリスト教宣教師のルイス・フロイスも、

「われわれの間では普通鞭で打って息子を懲罰する。日本ではそういうことは滅多におこなわれない」（フロイス前掲書第3章）

と言っている。西洋人の目には、日本の子どもは可愛がられている、と映っていたのです。

一方で、同じフロイスが日本での嬰児殺しの多さに驚いている。西洋で堕胎が少なかったのはキリスト教の影響ですが、気になるのは日本での嬰児殺し、いわゆる「間引き」「子返し」の多さで、その理由については太田素子が史料をもとに詳細な報告と分析をしています（『子宝と子返し——近世農村の家族生活と子育て』『近世の「家」と家族——子育てをめぐる社会史』）。

太田氏によれば近世日本の農村社会では「子どもに強い執着と情愛をそそぎ始めた人々は、生まれてくる子ども（および自分たち家族）に不幸な人生を送らせまいという

配慮から、さまざまな出生制限を試み、時には嬰児殺しという選択をもあえて行う場合があった」（『子宝と子返し』）といいます。その背景には「家」の存続への思いがあり、「『家』が社会の単位として特別な意義をもっていた事が、出生制限に敏感な土壌を形成したのではないか」（同前）、「子返しが家を守る為の出生コントロールの性格を有していた」（同前）というのです。

「家を守る」というのは、個人より家の存続が大事という意識です。

これは一見、儒教と合致するようでいて、その実、〝身体髪膚〟を〝毀傷〟しないことを〝孝の始め〟とし（『孝経』。戦国時代（中国）＝紀元前四〇三～紀元前二二一）、個人の体を通じて先祖の血を伝えるという発想の儒教とは微妙に考え方が異なる気がします。

日本人にとっての「家」とは手っ取り早く言えば「親」のことで、「子は親の所有物」という感覚が、近世においては西洋と比べても、古代においては中国と比べても、日本は強かったのです。

親の死に子を巻き込む「心中」の多さも、子は親の所有物という意識の表れでしょう。

明治十一（一八七八）年に日本を訪れたイザベラ・バードは、

「親は子供を殴り殺しても二年半の懲役しか受けず、子供を故意に架空の罪で訴えてもまったく罰せられない。しかし親の合法的な命令に従わない子供は一〇〇日の懲役に処せられる」（イザベラ・バード／時岡敬子訳「日本の現況」『イザベラ・バードの日本紀行』下）

として、イギリスの家族法と比較すると、日本の法は「両親にきわめて有利である」と指摘しています。

日本の最新（当時）の法令では「両親や夫が娘や妻を当人の同意なしに女郎屋に売ることを禁じており、違反した場合は重い罰を受ける」（同前）ともありますが、逆にいうと、それまではそれらは罪ではなかったのです。イザベラ・バードの言う「最新の法令」とは、一八七三（明治六）年の「改定律例」のこと。牧英正によれば、改定律例では子孫の「略売」（同意なく売ること）は禁止されたものの、「親が子に因果を含め納得させて売る」といった「和売」については禁止されておらず、むしろこちらのほうが多かったので、それをどう扱うかという問題はまだ残っていた。それが大きく変化したのは一九四七（昭和二十二）年の日本国憲法の施行でしたが、その後も「前借金」に対する人身売買は慣行として行われており、それに終止符が打たれるのは一九五七（昭和三十二）年、売春禁止法が施行されてからのことでした（『人身売買』）。

話を幕末・明治期に戻すと、当時、日本の子どもは西洋の子どもと比べると全体的に可愛がられていたかもしれませんが、それはあくまで親次第。生かすも殺すも親の一存に任されていて、子どもの権利が西洋よりも強いというわけではなかったのです。

なぜ前近代の日本では子の人権意識が薄いのか

こうした感覚はどこからくるのか？

儒教の影響であろうと、はじめ私は考えていました。

が、調べてみると、どうもそうとは言い切れないのでは……という思いになりました。

儒教思想が普及していない平安貴族社会では、身分の低い親が、身分の高い子や孫に敬語を使って接していましたが、儒教が一般的になった江戸の武家社会でも、側室出身の将軍の母は、孫や子に名を呼び捨てにされ、老女（侍女の筆頭）のほうが格上でした（ちなみに徳川将軍十五代中、母が正妻だったのは初代、三代、十五代の三人のみ）。

日本では儒教的な長幼の序より、一貫して身分差が重要だったのです。

それ以上に、子どもの基本的人権という概念が、時代を通じて薄かった……と思われるふしがあります。

というのも、七世紀末から八世紀にかけて、中国から法体制を導入し「律令」が制定されたのですが、当時の日本人は中国の律令をそっくりそのまま取り入れたわけではありません。日本にそぐわぬものは日本風にアレンジしたり、削除したりしています。

たとえば今の刑法に当たる「律」の冒頭には、流罪、死罪といった刑罰の種類を挙げた「五罪」と共に、支配秩序を揺るがす重罪が「八虐」として書き出されています。中身は「謀反」「謀大逆」といったもので、七番目に「不孝《ふきょう》」がくる。祖父母や父母を告訴すること、父母の喪中の婚姻や音楽の遊び、父祖の妾との姦通といった罪です。

ところがもとの中国の法ではこの八つ以外にも二つの重罪がありました。「不睦」と「内乱」です。

日本思想体系『律令』の補注の説明によると「内乱」は遠縁を含めた親族との結婚を指すようで、「同姓不婚の原則」(姓の同じ者は結婚しないという原則)を持つ中国ではそれが禁じられていたものの、古代日本では異母きょうだいとの結婚も多く、父祖の妾との姦通以外は罪になりませんでした。

一方、「不睦」のほうは近親売買のことで、これを削除したのは「日本では大宝律施行前まで罪と見なさない慣行があったため」(『律令』補注)。

しかも、もととなった中国の法では、親が子を売ることは子を殴殺するのと同じ刑に処せられていたのが、日本では殴殺よりは軽い刑となっており、「親が子を売ることは、他の場合とはちがって肯定的であった」（牧氏前掲書）。

この傾向は平安時代以降も続き、『大鏡』（平安後期）の語り手の夏山重木は幼いころ、市《いち》で母親に銭十貫で売られたという設定です。子が十人もいる上、親が四十の時の子、しかも五月生まれという、当時、不吉とされた条件が揃っていたからです。

このように古代から中世にかけての日本では親が子を売ることへの罪の意識が薄かっただけでなく、基本的に子は親の所有物のように扱われていました。

日本では、親に「絶大な力」が認められていた

そもそも日本がお手本にしたはずの儒教では、やみくもに親の権限を認めているわけではありません。

「父は父らしく、子は子らしくすべきだ」（〃父父たり。子子たり〃）と、儒教を確立した孔子の言行を弟子がまとめた『論語』にはあり、

「父の言いなりになることが、どうして孝と言えようか」（〃父の命に従ふ、又安《いづく》んぞ孝

と為すを得んや〟）、父が間違ったことをした時は諫めてこその孝子……と『孝経』にあるように、子の絶対服従を説いているわけではありません。

それが日本では、相続制一つとっても、平安末期以前には財主（多くは親）の一存で長幼・男女の別なく相続人を決めることができた。

平安末期から鎌倉初期になると、所領の分散や権威低下を防ぐため、女子相続は一期《いちご》限り（生きているあいだだけ）という相続形態が現れ、鎌倉中期から後期にかけて定着。室町時代に入ると諸子分割相続が嫡子による単独相続へと移行するものの、その時点でも地域や家によってはまだ女子（一期限り）や諸子の分割相続も残っていました。

しかも鎌倉時代の武家法（御成敗式目）では「悔《く》い返《かえ》し」といって、いったん譲与した財産も、子の態度いかんで親が取り消せる権利さえ認められていたのです。

早くから男系の相続体制がととのっていた中国と比べると、母系社会的な結婚形態が優勢だった日本では、女子相続が認められていた期間も長かったし、平安・鎌倉時代の後家（夫を亡くした正妻）の力は、長男を含めた子をしのぐものがあったことは、源頼朝死後、北条政子が〝尼将軍〟として強権を振るったことからも分かります。

それは当時の日本の女性の地位が高かったことを意味する反面、相続形態の一貫性のなさにもつながり、こうなると、親が気に食わない子には財産をやらぬというふうに、親の気分次第で事が決められる可能性が高まります。

二〇二二年、民法の規定から親の懲戒権を削除する方向性が決まりましたが（「朝日新聞」二〇二二年二月二日付朝刊）、逆にいうと二十一世紀になっても親の懲戒権が認められていたわけです。前近代の日本では、西洋人の目から見て、子を大切にする親が多い一方、子殺しも多かったのは、「子は親の所有物」という意識が一貫して強かったからです。その名残の一つが親による「懲戒権」だったのではないでしょうか。

3　前近代の性の闇

江戸川柳に見る下女の性被害

前項で、妊娠した下女が中条流によって子をおろす川柳を紹介しました。

実は川柳には、下女が望まぬ妊娠をする句が多く、さらにレイプや集団レイプとなると、数え切れないほどたくさん詠まれています。

手持ちの『誹風末摘花』（『浮世絵・川柳　末摘花』）からほんの一部だけ紹介すると、

〝かたい下女むしってやれと男ども〟

お堅い下女を犯してやろうと男どもが襲うのです。

〝ぬか袋頬張りて下女腹が抜け〟

これは『浮世絵・川柳　末摘花』の注によると、「湯帰りに輪姦されたるなり。ぬか袋を頬張るは、猿轡に用ひたるなり」とのこと。銭湯帰りに輪姦され、しかも体を洗うためのぬか袋が猿ぐつわに使われています。

〝め丶つことうつちやつて置きかつがれる〟

〝め丶つこ〟とは前著の注によれば「少女の陰部」。子どもだと思って放置していたら、誘拐されてレイプされたのです。

「かつぐ」とは「婦女誘拐暴行のほか、男女合意の駆落の場合をもいう。篇中の句はほとんどすべて前者」（「末摘花用語辞典」……『定本誹風末摘花』）の意です。

強姦への罪悪感の薄さと身分差別

ほんの一部を紹介しただけでも、あまりのひどさに気分が悪くなってきます。

とくに下女はなぜこんなにもレイプされてしまうのでしょう。

一つには、下女は身分意識ゆえ見下されていた、家の所有物なので犯していい、という意識があったと思われます。

〝妾のハねだり下女のハゆすり也〟（『定本誹風末摘花』）

「何か買って」と言われた場合、妾だと「おねだり」、下女だと「ゆすり」というわけで、下女はされるだけされても、愛される存在ではなかったのです。

川柳に下女のレイプを詠んだものが多い理由として、もう一つ、当時、強姦に対する罪悪感が薄かったということがあります。丹野顯によると、「江戸時代のレイプ事件は、大半が奉行所に訴えられることもなく、被害にあった女性は泣き寝入りで終わることが多かった」(『江戸の色ごと仕置帳』)

奉行所に訴えると、微細な証言を要求され、被害者のプライバシー保護の配慮もなく、町中に知れわたることになるからです。

「しかも犯罪が立証され、有罪判決が出たとしても、『幼女姦』を除いて多くの場合は『御定書百箇条』に定められた処罰よりも軽罪であることが多かった。これは江戸時代の社会をおおっていた男尊女卑の考えが反映されたといってよい。加えて江戸時代の男は町人も、役人である武士も、レイプに対して重大犯罪という意識が希薄であった」(同前)

丹野氏も指摘するように、こうした事件が起きるのは強姦への罪の意識の薄さ、男尊女卑、強固な身分制があるためでしょう。

江戸時代は、平安時代などと違い、人妻の密通に厳しい時代です。

そして同じ密通でも、相手によって処罰は異なり、「主人の妻」と密通した男は引き回しの上獄門、妻のほうは死罪（丹野氏前掲書）と、厳しいものでした。

一方で、幼女姦は厳罰といっても、十一歳の少女をレイプした日雇い稼業の男は、遠島を申し渡されたものの、十代将軍家治の正室の二十一回忌法事に際しての恩赦により、門前払いで済んでしまう。

「町奉行所の役人の無神経がわかる。庶民の女の子が性的ないたずらをされた事件など、ほとんど犯罪とは考えていなかった」（永井義男『江戸の密通——性をめぐる罪と罰』）

身分による差別が蔓延していたのもまた前近代の実態なのです。

前近代の男色の闇

前近代の性はゆるいといっても、時代により、身分によってさまざまな側面がありました。

女の地位が低下した江戸時代には、とくに身分の低い者にとって、性は「凶器」になりもしたのです。

こうした前近代の負の側面のために、つらい目にあうのは女だけではありません。

男色にも、苛酷な一面がありました。

見てきたように、室町末期から安土桃山時代にかけて来日したキリスト教宣教師たちは、日本人が男色を罪とは思っていないことに驚いたものです（↓第五章1）。当時のキリスト教で基本的に認められるのは子作りのための性だけで、オナニーや男色は不自然な性として罪悪視していたからです。

では日本が男色天国かというと、そうとも言い切れません。前近代の男色は今の男性同性愛とは異なり、女色もたしなんだ上での両性愛が基本だった上、決して対等の関係ではなく、そこには「身分」や「年齢」「立場の上下」というのが大いに絡んでいました。

稚児の受難

そもそも仏教界で男色が盛んだったのは、女の性は汚れて罪深い存在だし、女色はいけないので男なら良かろうという発想からですが、男色の相手となるのは見習いの少年たちです。

古典文学や絵巻物には「稚児」とか「童子」と呼ばれる少年が、僧の男色相手となっている描写が数え切れないほどあります。

『春日権現験記絵』には、僧と同衾している稚児（女性という説もあります→第一章1）、醍醐寺に伝わる『稚児草子』（一三二一書写）には、イチモツの弱まった老僧のために下男の協力を得て、自分のお尻の穴に張形を入れて穴を拡大して挿入しやすくする稚児の話、高僧の寵童でありながら、自分に懸想する別の僧とも関係を持ち、以来、稚児は主人である高僧と添い寝しながら、尻はその僧のほうに差し出して、好きにさせた話など、五話が収められています。

東大寺の別当（長官）にまでなった鎌倉時代の宗性《そうしょう》という実在の高僧などは、「禁断《きんだん》悪《あく》事《じ》勤修《ごんしゅ》善根《ぜんこん》誓状《せいじょう》抄《しょう》」という、悪事をやめ、善根につとめることを誓った文書で、「これまでに九五人と男色を行なってきたけれど、百人以上は行なわない」（松尾剛次『破戒と男色の仏教史』）と誓っています。

松尾氏によればこの時、宗性三十六歳。この若さで九十五人と男色行為をしてきたというのは驚きです。

寺に置かれる少年には上童（稚児）、中童子、大童子の三種がいて、「稚児の年齢は一〇歳から一五歳までが普通であった」（同前）。

童子の中には当然、行為を嫌う者もいたはずですが、年齢も上、身分も上の僧に、閉じられた空間で迫られては、抵抗もできなかったでしょう。

戦国時代の笑い話集『醒睡笑《せいすいしょう》』（一六二三以降）にはこんな話があります。

若い僧が一夜の宿を借りたところ、同じ座敷で寝ていた、十一、二歳の少年が亥の時ばかり（午後十一時ころ）に、

〝母《かか》よ母よ、尻に火が付いたは〟


と何度も呼んだ。

母親はあわてて火を持って見に行きますが、

「心配ないよ。お坊様の〝せい〟（精液）が入って消して下さったよ」

と言い、

〝人はただ十二三より十五六盛り過ぐれば花に山風〟


と、話は締めくくられます（巻之六「若道《にゃくどう》知らず」）。

この話は「若道知らず」という項に入っており、若道すなわち若衆を愛する男色の常識を知らないことによる笑いがテーマです。この場合、若道を知らなかったのは少年ということになるでしょうか。母が、我が子を僧と同じ座敷に寝かせた意図は不明ですが、初めて肛門を犯される十一、二歳の子にとって、尻に火が付いたと勘違いするほどの痛

みだったのです。末尾の歌によれば、稚児の句は十二、三歳から十五、六歳。そんな年ごろの子どもたちが寺に上がれば有無を言わせず犯されていたのです。

男娼の苦しみ

寺院向けかどうかは分かりませんが、男色相手とされる少年の中には人身売買で連れて来られた者もいたようで、「(大塚注　法制史学者の) 滝川政次郎氏は、人商人が都の者を東国に連れ行くのは男色が目的だと主張される」(牧英正『人身売買』)といい、中世には都の少年が一種のブランド品として東国に男色目的で売られていたといいます。

江戸中期ころに書かれた『諸遊芥子鹿子《しょゆうけしかのこ》』には、男娼となる少年が初めて〝玉茎〟(陰茎)を肛門に通されるのは十三歳の盆前がお定まり。女郎は男を振ることがあるが、野郎(男娼)が〝一義〟(セックス)をしないことはまれで、〝命をけづるつとめ〟と書かれています。

男娼の苦労や痛みは女郎以上とも言えるのです。

江戸時代、陰間茶屋が「子供屋」と呼ばれたのも、子どものほうが客の需要があるからではないでしょうか。

男色は「少年児童への性的虐待」

もちろん男色は売り買いだけではなく、純粋な愛で結ばれた向きもあるのですが、基本的には、寺院の僧侶と童子と同様、〝念者〟と呼ばれる年上の男と、〝若衆〟と呼ばれる年下の男がカップルとなって、力関係も念者が上になります。

乃至政彦は、先に紹介した『醒睡笑』の十一、二歳の少年の話と合わせ、寛永年間(一六二四～四四)成立の『田夫物語《でんぶ(ぷ)》』を紹介しています。そこでは、若衆が男根を入れられる痛みに苦しみ、痔を患ってがに股になって杖をつくような目にあう様が「見ていて苦しいものがある」とされており、「若衆との交わりが、性的虐待であることが書かれている。人々は男色の対象とされる少年の苦痛に目を向けはじめていた」(『戦国武将と男色――知られざる「武家衆道」の盛衰史』)と指摘しています。

西鶴の『男色大鑑』には男色ゆえの刃傷沙汰が数多く描かれていますが、現実にもそうした事件は多かったようで、十七世紀以降、諸藩や幕府で男色禁止令が出されています(同前)。

男色による虐待や事件が目に余るからといって男色そのものを禁止するのは本末転倒、

刃傷沙汰を起こさないよう命じれば済むのに……と現代人の私などは思いますが、そのくらい目に余るものがあったのでしょう。

この時代の男色は、身分や立場の力関係が大きくものを言う、パワハラ的な要素も少なくなかったことを忘れてはなりません。

前近代の性というのは、「弱者」にとっては、時に「凶器」にもなりうる苛酷な一面を持っていたのです。

おわりに　「伝統的」のウソと、未来へのメッセージ

前近代の日本を、ジェンダーレス、性の境があいまいという視点で見てきました。結果、痛感したのは「伝統的」とか「昔ながら」と思われていることが、実はつい最近……戦前や明治期、せいぜいが江戸時代に始まっていて、さほど歴史があるとは限らないということです。

歴史を見ていくと、昔ながらの大家族や男社会というのが実は限られた階級と時代の産物で、夫婦別姓どころか、一つの戸籍に三つの姓が共存したり、財産相続は男女を問わず諸子平等であったり、経産婦をいたわるのは女ではなく男の仕事であったり、メイクは男のたしなみであったり……常識であると思い込んでいた過去がひっくり返されるような事実を思い知らされます。

それによって何が分かるのか。

世間のいう常識とか通念というものは時代によって変化していくこと、その「変化」には必ず「背景」があるということです。

たとえば時代が下るにつれ男優位になったのは、中国などの外国の影響や戦乱によって、力のある男の地位が上昇し、同時期、家の没落を防ぐため一人に財産を集中させる必要があった等の背景があるわけです。すると、それまで母系的なつながりで支えられていた女の没落者が増える。そこで、こぼれ落ちた女を救済するためもあって、男を中心とした家に女を従属させる。庇護される存在となった女の地位はやがて低下していく。ところが、平和な時代が続くと、女の地位も再上昇し……と、変化していく。

つまり、我々の先祖は、その時どきでより豊かに効率的に繁栄すべく、「生き残り」をかけて変化しながら、危機に対処してきたのです。

社会情勢の変化は家族形態を変え、価値観をも変えていきます。

変わりながらも、一貫していたのは、ゆるいほうへゆるいほうへと流れていく性観念でした。

仏教もキリスト教も、日本に入ってくると、性的にゆるくなって、性道徳に厳しかった江戸の武家社会ですら、太平の世が続くと、不義密通が珍しくなくなっていきます。けれど……前近代の性はゆるいようでいて、時代によって、身分によってさまざまな側面があって、男尊女卑に加え、強固な身分意識が絡むと、性が暴力や虐待につながっていた。性にはそれだけのパワーがあって、社会状況や扱いようによっては凶器になるのです。過去の人々のさまざまな性や暮らしぶりの記録は、そんな大事なことを私たちに伝える未来へのメッセージでもあります。

性の境があいまいであることは、良いことも悪いことももたらしたわけです。けれども……「良い」とか「悪い」というのはあくまで今の視点に立っての価値判断で、リアルタイムで生きていた我々の先祖たちは、その時どきでベストと思える選択をしてきたはずです。

翻って、今の日本はジェンダーレスどころか、男女の違いによる格差「ジェンダーギャップ」が世界一四六か国中、主要先進国では最下位の一一六位（世界経済フォーラムによる二〇二二年版「ジェンダーギャップ報告書」……「朝日新聞」二〇二二年七月十四日付朝刊）。とくに経済分野は一二一位と昨年度より順位を下げています。課題は山積みという感じもあるものの、歴史を振り返れば、戦争や外圧など、時代の荒波に揉まれながら、その時代時代で、より良い暮らしと幸せを目指してきた先祖たちの試行錯誤と苦労の上に、今のジェンダーの形があるわけです。

そうした認識の上で、今一度、振り返ってほしいのです。

男性名詞や女性名詞のない日本語というもの、男が女の、女が男の立場になって歌を詠んだり文章を綴ったり演じたりすることへの抵抗感のなさ、性の境のあいまいさゆえ、いかに日本の文芸が豊かな広がりを持ったかを。今なおそれらの文芸は生き生きと鼓動し、本歌取りよろしくマンガやゲームや映画やドラマに生まれ変わりながら、世界に発信しているかを。

我々がいかに先祖たちから多くのものをもらっているか……そこに思いを馳せた上で、今どうすればいいのか、性や家族とどう向き合えば晴れやかな気持ちになれるのか、昔の性のあれこれを知ることで、探るよすがにしていければ……そんなふうに思うのです。

大塚ひかり

二〇二二年十月

ジェンダーレス年表

@漢数字は章ナンバー、○数字は節ナンバー

弥生時代終末期～奈良時代

弥生時代終末期～古墳時代前半期	合葬された男女は夫婦ではなくキョウダイ　@三‐②
弥生時代終末期	卑弥呼、〝男弟〟の補佐により執政　@二‐①、@三‐③
古墳時代	男子の埴輪も紅化粧　@六‐④
古墳時代前期	女性首長の割合は三～五割。小規模の小型古墳の埋葬者は女性がやや優位　@二‐①
六六一	斉明天皇、百済に援軍を求められ西征の海路につく　@六‐⑤
七〇一	中国と違い、日本では大宝律施行前まで、近親売買を罪と見なさない慣行　@七‐②
	古代の戸籍は夫婦別姓　@三‐①

七一二　『古事記』
性別不明な神や子を生む男神の存在（『日本書紀』〔七二〇〕にも同様の記事）　@一-①
夫婦神、セックスによって国土と神々を生む（『日本書紀』にも同様の記事）
@一-①、@四-①、@四-②
アマテラス、神功皇后、武装して敵と対峙（『日本書紀』にも同様の記事）　@六-⑤
ヤマトタケル、女装して敵を倒す　@一-①
ヤマトタケル、月経中のミヤズヒメと結婚　@四-④
垂仁天皇、敵に回った后に子の命名と養育法を尋ねる　@三-③

七一三　諸国に『風土記』の編纂を命じる。
『播磨国風土記』
ミチヌシヒメノミコト、父の分からない子を生み、諸神を集め、子に父を選ばせる
@三-④

八世紀後半　『万葉集』男同士が恋愛仕立ての歌を贈答　@一-②

平安時代〜鎌倉時代

八二二ころ　『日本霊異記』仏を信じて、大金・米・美女が手に入る　@四-②

九一四　『意見十二箇条』人民の三分の二は税金逃れのため禿げ頭（僧）となり妻帯肉食　@四-②

九三五以降	紀貫之「男もしている日記というものを女の私も……」と女のふりをして『土佐日記』執筆　@一-②
十世紀後半	『うつほ物語』 財産のない女は美人でも男は近寄らない、娘の誕生を期待して〝女の蔵〟を用意する親　@二-② 大貴族が妊娠中の妻や産後の娘のために調理、経産婦のいたわり方を息子に教え、難産の孫娘を助ける　@六-① 我が子を汚がる皇女　@七-①
十世紀末ころ	『落窪物語』 貴公子、ヒロインの縫い物を〝めめしく〟手伝う　@六-① 父母の期待を裏切ったため尼になりたいと嘆く娘たち　@七-①
一〇〇〇以降	『枕草子』泣くべき時に泣けないのはばつが悪い　@六-③
一〇〇八ころ	『源氏物語』 〝女にて見む〟という言い回し　@一-① 月経は〝穢れ〟と呼ばれる　@四-④ 薫、〝女々しく〟とか〝女々しくねぢけて〟と形容される　@六-① 優美な泣き方が良しとされる　@六-③
平安時代	『性空上人伝』性空は、母が堕胎しようと毒薬を飲んだが誕生した子　@七-②

九八二〜一〇三二	『小右記』一〇二一年十二月二十五日条 僧俗の面前でとっくみあいの喧嘩をする公達二人の父親、声をあげて泣く　@六-③
平安中期	「国母」は、最高権力者の任命で揉めた時、大きな力を発揮 (平安中期『栄花物語』、平安後期『大鏡』、鎌倉初期『古事談』)　@二-①
	出自が異なる夫婦は別墓。藤原道長・源倫子夫妻も　@三-①
一〇二九〜一〇三三ころ	『栄花物語』正編 天皇妃だった藤原元子、父の期待に沿えず、いったん譲られた屋敷を妹に譲り直され、父妹と不仲に　@七-①
一一〇二	艶書合で七十歳女と三十歳男が架空の恋の歌のやり取り　@一-②
平安中期	『新猿楽記』六十女の性欲を嘲笑的に描写　@四-③
平安後期	『袋草紙』平安中期の赤染衛門の親権は再婚した母に帰属　@三-③
平安後期	『大鏡』語り手の夏山重木は幼いころ母親に市で銭十貫で売られた設定　@七-②
平安末期	『今昔物語集』 子を犠牲にして身を守った母親、賞賛される　@七-① 貧しさゆえに結婚できない女、貧しくて夫が居つかずシングルマザーになる女

平安時代	新羅の不倫后、長谷観音に救われる　@四-② 新婚家庭は、夫が妻方に通い、経済も妻方が担う　@二-②、@三-④
平安末期以前	親の一存で長幼・男女の別なく相続人が決められた　@二-②
	基本的には長幼・男女の別なく相続できる諸子分割相続　@七-②、@二-②、@七-②
平安末期	『とりかへばや物語』 トランスジェンダーと思しき兄妹が主役　@五-②
平安末期〜鎌倉初期	所領の分散・権威低下を防ぐため、女子相続は存命中のみとする一期分相続が発生　@二-②、@七-②
鎌倉初期	『古事談』平安中期の成尊僧都、母親に水銀を飲まされたため、性器発達不全　@七-②
鎌倉時代	『平家物語』 平家の公達はお歯黒をしていたが、源氏の武将はしていない　@六-④ 討ち取られた平敦盛、お歯黒。腰に笛を差していたのを見た源氏方、全員落涙　@六-④ 木曽義仲、屈強な女武者・巴を大将に任命　@六-⑤

一二二一直前	承久の乱直前の勢力図を、慈円、東は北条政子・義時姉弟、西は卿二位が掌握、〝女人入眼ノ日本国〟とす（『愚管抄』） @二-①
一二三二	『御成敗式目』制定。女子の財産と地位を強力に保護 @二-②
一二三七	宗性、九十五人と男色行為をしてきたが、百人以上はしないと誓う @七-③
鎌倉時代	『宇治拾遺物語』僧の〝かはつるみ〟（オナニー）の話 @四-③
一二五四	『古今著聞集』女装して好きな尼に近づく坊さんの話 @七-②
一二七六	下人九十四人の家族構成が記された文書によると最多は独身四十人 @三-④
十三世紀後半	『我が身にたどる姫君』両刀の前斎宮 @五-③
一三〇〇ころ	『吾妻鏡』 一一八二年十一月十二日条 牧宗親、源頼朝に髻を切られて泣いて逃亡 @六-③ 一二〇一年五月十四日条 城資盛のオバ・坂額御前、奮戦 @六-⑤
鎌倉中期〜後期	『とはずがたり』筆者二条の出産を愛人（大貴族）が介助 @六-①
一三二一	『稚児草子』書写。性的に献身する稚児たち @七-③

鎌倉後期　女の相続が生きているあいだだけとなる一期分相続が定着。また、所領や義務・責任を惣領ひとりが負う単独相続が出てくる　@二-②

鎌倉時代末　『石山寺縁起』平安中期の菅原孝標の娘の一行に、男と同じ騎乗をする侍女　@六-⑤

十四世紀初め　『春日権現験記絵』僧侶と同衾する長髪の人、女・稚児両説あり　@一-①

室町時代～江戸時代

室町時代　諸子分割相続が惣領による単独相続へと移行し始める　@二-②、@七-②
中世民衆は核家族で分割相続が基本だったのが、中世後期になると長男が優遇されるように　@三-②

室町末期　『聖フランシスコ・ザビエル全書簡』
日本では女は月経があるため罪深く、救われるのは難しいと僧侶が説く　@四-④
日本人は男色を罪と考えていない　@五-①
尼は妊娠すると堕胎の薬を服用　@七-②

室町末期～江戸初期　『おようの尼』僧尼のセックス話　@七-②

一五六三～九七　『日本史』『ヨーロッパ文化と日本文化』（ルイス・フロイス）
日本では処女性は重んじられず、女性は離婚・再婚しても名誉を失わない　@四-①

	日本人の三大悪事の第一はアニミズム、第二は男色、第三は嬰児殺し・中絶　@五‐①
	日本女性はヨーロッパ女性と違い、夫の許可を得ずに外出でき、高貴な女性は文字を書けなければ価値が下がる。女は男と同じ馬の乗り方をし、祭では酔っ払うまで飲酒　@六‐④
	日本の貴族男性はヨーロッパ貴族と違い、鏡を見る　@六‐④
	日本の嬰児殺しの多さ　@七‐②
十六・十七世紀ころまで	家族を持てるのは恵まれた階級だけ　@三‐④
一六〇〇	『どちりなきりしたん』 安土桃山時代、男子は父、女子は母に帰属　@三‐③ 離婚はしてはならないというキリシタンの守るべき定めに、日本人、強硬に抵抗　@四‐①
一六一四	『大坂物語』淀殿、いざという時、大将として出陣すると発言　@六‐⑤
一六二三以降	『醒睡笑』十一、二歳の少年、母親公認で僧に犯される　@七‐③
寛永年間（一六二四～四四）	『田夫物語』男根を入れられる若衆の苦しみに注目　@七‐③
江戸初期	『きのふはけふの物語』比叡山の僧が檀家をだまして娘二人を犯す話　@7‐②
一六八四／一六八八	『好色二代男』『日本永代蔵』〝男泣き〟の初出？　@六‐③

一六八六	『好色一代女』 同性愛の老女の話　@五-③ 僧侶が〝お大黒〟（隠し妻）を持つ話　@七-②
一六八七	五代将軍徳川綱吉、捨て子を禁止　@三-④
江戸時代	女のオナニーは春画誕生当初からのテーマで、張形によるオナニーも推奨　@四-③ 女同士が張形を使って性行為をする春画　@五-③
十七世紀	男色関係による刃傷沙汰などの事件が多発。諸藩や幕府で男色禁止令が出される　@七-③
江戸中期	『常山紀談』上杉謙信、佐野房綱といった戦国武将、『平家物語』を聞いて落涙　@六-③ 『諸遊芥子鹿子』男娼は〝命をけづるつとめ〟　@七-③
正徳年間（一七一一～一六）	『おあむ物語』今はお歯黒をする武士はいないが、一六〇〇年の関ヶ原の合戦では、敵の首級を格上げするためお歯黒を施した　@六-④
一七六九ころ	『艶道日夜女宝記』オナニーは貞節を保つ効能あり　@四-③
一七七六～一八〇一	『誹風末摘花』江戸川柳に見る下女の性被害　@七-③

一八〇二	『羇旅漫録』京では女も立ち小便　@一-①
一八〇二〜一四	『東海道中膝栗毛』江戸っ子の喜多さん、伊勢女の立ち小便にドン引き　@一-①
一八一六	『世事見聞録』江戸後期には武家の不義密通は珍しくなくなる　@四-②
一八二五	『東海道四谷怪談』悪役・伊右衛門、産後の妻お岩のために炊事　@六-②
一八三〇	『嬉遊笑覧』うずくまって小便するのは江戸女だけ　@一-①
一八三二	『兎園小説余録』麴町の〝偽男子〟、四谷の〝をんな男〟、祇園の〝仮男子〟　@五-④

明治時代〜現代

明治期	欧米の影響で男子の点眉・お歯黒が廃せられる　@六-④
幕末・明治期	来日した西洋人、混浴やゲーコの地位の高さに驚く　@一-①
一八六九	『シュリーマン旅行記　清国・日本』 日本語の名詞に男性形・女性形がないことと混浴を結びつけ、感動　@一-① 日本人が淫らな芝居を男女共に楽しむ様と、純粋で敬虔な様のギャップに驚く　@五-①

一八八〇　『イザベラ・バードの日本紀行』
　日本人は道徳観が堕落しているとしつつ、治安の良さを賞賛　@五-①
　日本では親が子を殴り殺しても二年半の懲役しか受けないと嘆く　@七-②
　両親や夫が娘や妻を当人の同意なしに女郎屋に売ることができた（一八七一年の法改正まで）　@七-②

一八八三　離婚率三・三九％　@四-①

一八九八　明治民法施行で、夫婦別姓が夫婦同姓に　@三-①

一九四一　「涕泣史談」柳田國男、近年人が泣かなくなったと指摘　@六-③

一九四七　『斜陽』「お母さま」が立ち小便　@一-①

一九七〇　「男はつらいよ」第三作「粋な姉ちゃん立ち小便」　@一-①

二〇一四　ギャラップ社「同性愛者が暮らしやすい国」調査、百二十三の国と地域のうち日本は五十位　@一-①

二〇二二　二月　民法の規定から親の懲戒権を削除する方向性決まる　@七-②

参考文献・原典

●主な参考文献については本文中にそのつど記した。

●本書で引用した原文は以下の本に依る。

日本随筆大成編輯部編『羇旅漫録』……『日本随筆大成』第一期一　吉川弘文館　一九九三年

中村幸彦校注『東海道中膝栗毛』日本古典文学全集　小学館　一九七五年

長谷川強・江本裕・渡辺守邦・岡雅彦・花田富二夫・石川了校訂『嬉遊笑覧』一　岩波文庫　二〇〇二年

小松茂美編集・解説『春日権現験記絵』下　続日本の絵巻　中央公論社　一九九一年

山口佳紀・神野志隆光校注・訳『古事記』新編日本古典文学全集　小学館　一九九七年

小島憲之・直木孝次郎・西宮一民・蔵中進・毛利正守校注・訳『日本書紀』一〜三　新編日本古典文学全集　小学館　一九九四〜一九九八年

エドゥアルド・スエンソン／長島要一訳『江戸幕末滞在記』講談社学術文庫　二〇〇三年

ハインリッヒ・シュリーマン／石井和子訳『シュリーマン旅行記　清国・日本』講談社学術文庫　一九九八年

阿部秋生・秋山虔・今井源衛校注・訳『源氏物語』一〜六　日本古典文学全集　小学館　一九七〇年〜一九七六年

菊地靖彦校注・訳『土佐日記』……『土佐日記・蜻蛉日記』新編日本古典文学全集　小学館　一九九五年

鈴木日出男・山口慎一・依田泰『原色小倉百人一首』文英堂　一九九七年
川村晃生・柏木由夫校注『金葉和歌集』……『金葉和歌集・詞花和歌集』新日本古典文学大系　岩波書店　一九八九年
小島憲之・木下正俊・佐竹昭広校注・訳『萬葉集』一　日本古典文学全集　小学館　一九七一・一九七五年
植垣節也校注・訳『風土記』新編日本古典文学全集　小学館　一九九七年
『魏志倭人伝』（『三国志』「倭人」）……藤堂明保・竹田晃・影山輝國全訳注『倭国伝――中国正史に描かれた日本』講談社学術文庫　二〇一〇年
橘健二・加藤静子校注・訳『大鏡』新編日本古典文学全集　小学館　一九九六年
川端善明・荒木浩校注『古事談・続古事談』新日本古典文学大系　岩波書店　二〇〇五年
山中裕・秋山虔・池田尚隆・福長進校注・訳『栄花物語』一～三　新編日本古典文学全集　小学館　一九九五～一九九八年
岡見正雄・赤松俊秀校注『愚管抄』日本古典文学大系　岩波書店　一九六七年
松尾聰・永井和子校注・訳『枕草子』新編日本古典文学全集　小学館　一九九七年
中野幸一校注・訳『紫式部日記』……『和泉式部日記・紫式部日記・更級日記・讃岐典侍日記』新編日本古典文学全集　小学館　一九九四年
中野幸一校注・訳『うつほ物語』一～三　新編日本古典文学全集　小学館　一九九九～二〇〇二年
馬淵和夫・国東文麿・稲垣泰一校注・訳『今昔物語集』二・四　新編日本古典文学全集　小学館　二〇〇〇・二〇〇二年
笠松宏至校注『御成敗式目』……『中世政治社会思想』上　日本思想大系　岩波書店　一九七二年
市古貞次校注・訳『平家物語』一・二　日本古典文学全集　小学館　一九七三・一九七五年

藤岡忠美校注『袋草紙』 新日本古典文学大系 岩波書店 一九九五年
『どちりなきりしたん』……新村出・柊源一校註『吉利支丹文学集』二 東洋文庫 平凡社 一九九三年
大曾根章介校注『新猿楽記』……『古代政治社会思想』 日本思想大系 岩波書店 一九七九年
ルイス・フロイス／岡田章雄訳注『ヨーロッパ文化と日本文化』 岩波文庫 一九九一年
竹内理三校注『意見十二箇条』……『古代政治社会思想』 日本思想大系 岩波書店 一九七九年
中田祝夫校注・訳『日本霊異記』 新編日本古典文学全集 小学館 一九九五年
本庄栄治郎校訂・奈良本辰也補訂『世事見聞録』 岩波文庫 一九九四年
小林保治・増古和子校注・訳『宇治拾遺物語』 新編日本古典文学全集 小学館 一九九六年
河野純徳訳『聖フランシスコ・ザビエル全書簡』三 東洋文庫 平凡社 二〇〇九年
松田毅一・川崎桃太訳『フロイス日本史』六 豊後篇Ⅰ 中央公論社 一九七八年
イザベラ・バード／時岡敬子訳『イザベラ・バードの日本紀行』上・下 講談社学術文庫 二〇〇八年
暉峻康隆校注・訳『男色大鑑』……『井原西鶴集』二 新編日本古典文学全集 小学館 一九九六年
今井源衛・森下純昭・辛島正雄校注『とりかへばや物語』……『堤中納言物語 とりかえばや物語』 新日本古典文学大系 岩波書店 一九九二年
片岡利博校訂・訳注『我が身にたどる姫君』下 中世王朝物語全集 笠間書院 二〇一〇年
東明雅校注・訳『好色一代女』……『井原西鶴集』一 新編日本古典文学全集 小学館 一九九六年
『好色訓蒙図彙』……「艶本資料データベース」（国際日本文化研究センター） https://lapis.nichibun.ac.jp/enp/Picture/View/306/2/33、文⇒https://lapis.nichibun.ac.jp/enp/Picture/View/306/2/34
『婦美の清書』……「艶本資料データベース」（国際日本文化研究センター） https://lapis.nichibun.ac.jp/enp/Picture/View/393/1/1

日本随筆大成編輯部編『兎園小説余録』……『日本随筆大成』第二期五　吉川弘文館　一九七四年
三谷栄一・三谷邦明校注・訳『落窪物語』……『落窪物語・堤中納言物語』新編日本古典文学全集　小学館　二〇〇〇年
久保田淳校注・訳『とはずがたり』……『建礼門院右京大夫集・とはずがたり』新編日本古典文学全集　小学館　一九九九年
郡司正勝校注『東海道四谷怪談』新潮日本古典集成　一九八一年
東京大学史料編纂所編纂『小右記』五・六　大日本古記録　岩波書店　一九六九・一九七一年
永原慶二監修／貴志正造訳注『全譯吾妻鏡』一・三　新人物往来社　一九七六・一九七七年
森銑三校訂『常山紀談』上　岩波文庫　一九三八年
中村通夫・湯沢幸吉郎校訂『雑兵物語・おあむ物語　附　おきく物語』岩波文庫　一九四三年
水原一考定『新定　源平盛衰記』四　新人物往来社　一九九〇年
小松茂美編『石山寺縁起絵』日本絵巻大成　一九七八年
『性空上人伝』……『群書類従』国立国会図書館デジタルコレクション　https://dl.ndl.go.jp/info:ndljp/pid/1879458/295
青木信光編集『浮世絵・川柳　末摘花』図書出版美学館　一九八一年
岡田甫編著『定本誹風末摘花』有光書房　一九六九年
オールコック／山口光朔訳『大君の都――幕末日本滞在記』上　岩波文庫　一九六二年
エセル・ハワード／島津久大訳『明治日本見聞録――英国家庭教師婦人の回想』講談社学術文庫　一九九九年
井上光貞・関晃・土田直鎮・青木和夫校注『律令』日本思想大系新装版　岩波書店　一九九四年
吉川幸次郎『論語』下　新訂中国古典選　朝日新聞社　一九六五年

栗原圭介『孝経』新釈漢文大系　明治書院　一九八六年
『稚児草子』……田野辺富蔵『医者見立て好色絵巻』河出書房新社　一九九五年
鈴木棠三校注『醒睡笑』上・下　岩波文庫　一九八六年
岡田甫編『諸遊芥子鹿子』貴重文献保存会　一九五二年
黒板勝美・国史大系編修会編『尊卑分脈』一～四・索引　新訂増補国史大系　吉川弘文館　一九八七～一九八八年

ラクレとは…la clef＝フランス語で「鍵」の意味です。
情報が氾濫するいま、時代を読み解き指針を示す
「知識の鍵」を提供します。

中公新書ラクレ
779

ジェンダーレスの日本史《にほんし》

古典《こてん》で知《し》る驚《おどろ》きの性《せい》

2022年11月10日発行

著者……大塚《おおつか》ひかり

発行者……安部順一
発行所……中央公論新社
〒100-8152 東京都千代田区大手町1-7-1
電話……販売 03-5299-1730　編集 03-5299-1870
URL https://www.chuko.co.jp/

本文印刷……三晃印刷
カバー印刷……大熊整美堂
製本……小泉製本

Published by CHUOKORON-SHINSHA, INC.
Printed in Japan　ISBN978-4-12-150779-2　C1295

中公新書ラクレ　好評既刊

L599
ハーバード日本史教室
佐藤智恵 著

世界最高の学び舎、ハーバード大学の教員や学生は日本史から何を学んでいるのか。『源氏物語』『忠臣蔵』から、城山三郎まで取り上げる一方、天皇のリーダーシップについて考えたり、和食の奥深さを学んだり……。授業には日本人も知らない日本の魅力が溢れていた。アマルティア・セン、アンドルー・ゴードン、エズラ・ヴォーゲル、ジョセフ・ナイほか。ハーバード大の教授10人のインタビューを通して、世界から見た日本の価値を再発見する一冊。

L705
女子校礼讃
辛酸なめ子 著

辛酸なめ子が女子校の謎とその魅力にせまる！　あの名門校の秘密の風習や、女子校で生き抜くための処世術、気になる恋愛事情まで、知られざる真実をつまびらかにする。在校生へのインタビューや文化祭等校内イベントへの潜入記も充実した、女子校研究の集大成。読めば女子校育ちは「あるある」と頷き、そうでない人は「そうなの⁉」と驚き、受験生はモチベーションがアップすること間違いなし。令和よ、これが女子校だ！

L719
「失敗」の日本史
本郷和人 著

メディアで引っ張りだこの東京大学史料編纂所・本郷和人先生が、「日本史×失敗」をテーマにした新書を刊行！　元寇の原因、実は鎌倉幕府側にあった？　生涯のライバル、上杉謙信・武田信玄ともに跡取り問題でしくじったのはなぜ？　明智光秀重用は織田信長の失敗だと断言できる？　日本史を彩る英雄たちの「失敗」を検証しつつ、そこからの学び、さらには「もし成功していたら」というifまで展開。失敗の中にこそ、豊かな〝学び〟はある！